ÜBER ELLY SELLERS

Die Autorin ist Rechtsanwältin und Mediatorin mit dem Schwerpunkt Familienrecht und hat zusammen mit anderen Autoren bereits mehrere Fachbücher und den Roman *„Paul und Marie"* erfolgreich veröffentlicht.

„Die kleine Kanzlei gewinnt immer" ist die Fortsetzung ihrer Kanzlei-Romane

„Die kleine Kanzlei am Markt" und
„Die kleine Kanzlei entdeckt Neues",

die sie unter Pseudonym veröffentlicht hat.

Elly Sellers lebt mit ihrer Familie in München.

Die kleine Kanzlei gewinnt immer

Elly Sellers

Copyright © 2024 Elly Sellers
Alle Rechte vorbehalten.
ISBN: 9783758383069
Herstellung und Verlag:
BoD – Books on Demand,
Norderstedt
© Covergestaltung: Acelya Soylu

„Hört meine Seele sprechen. Den Augenblick, da ich Euch sah, flog mein Herz in Euren Dienst."

(William Shakespeare, Der Sturm, III. Akt, 1. Szene)

1. Kapitel

Meggy betrat den Lift, und noch bevor sich die Tür hinter ihr geschlossen hatte, drückte sie auf den Knopf mit der Nummer zehn.
„Das ist meine letzte Fahrt", überlegte sie, „um noch eine Kiste zu holen." Natürlich würde sie ihre Mutter und ihren Bruder in diesem Hochhaus am Stadtrand auch in Zukunft besuchen. Aber sie würde hier nicht mehr wohnen.
„Gleich ist es geschafft", dachte sie, als sie die Tür aufsperrte, den kleinen Vorraum mit der Garderobe betrat und von dort in die Küche ging, von der aus man ins Wohnzimmer gelangte, das ihre Mutter auch zum Schlafen nutzte.
Sie sah sich noch einmal um. Auf einem Regal stand ihre Kaffeetasse mit dem Aufdruck „Margarethe", ihrem Namen, den sie aber so altmodisch fand, dass sie seit ihrem sechsten Lebensjahr darauf bestand, sie Meggy zu nennen. Den Becher würde sie auf keinen Fall mitnehmen. Sie ging daher zurück in den Flur und von dort in das Zimmer, das sie bisher mit ihrem zwölfjährigen Bruder, lediglich abgetrennt durch einen Vorhang, geteilt hatte. Claudio war sechs Jahre jünger als sie und hatte es vorgezogen, hinter dem Vorhang sein Reich zu haben, und dafür seine Hausaufgaben am Küchentisch gemacht. Meggy hatte den vorderen Teil besetzt und ihre Kommode, die beiden Bücherregale sowie den Teil im Schrank, der ihre Sachen enthalten hatte, bereits geräumt. Lediglich eine Kiste stand noch auf dem Schreibtisch, die sie beherzt anpackte, zur Wohnungstür trug und davor abstellte. Sicherheitshalber sah sie sich noch einmal im

Badezimmer um und entdeckte dort ihren Bademantel, den sie sich über den Arm legte.

„Irgendwas habe ich bestimmt vergessen", überlegte sie, „aber Mama wirft sicher nichts weg, und ich habe ihr versprochen, nächstes Wochenende zum Essen zu kommen."

Meggy öffnete die Wohnungstür, schob die Kiste mit dem Fuß in das Treppenhaus und sperrte ab.

Während sie mit ihrer Last im Lift nach unten fuhr, überkam sie eine große Erleichterung. Sie war so froh, dieses Haus hinter sich zu lassen. Im Alter von sechs Jahren war sie mit ihren Eltern von Italien nach München gezogen. Alleiniger Grund war der neue Job ihres Vaters bei BMW gewesen. Es war Meggy schwergefallen, Italien zu verlassen, weil sie dort viele Freunde und Freundinnen gehabt hatte und insbesondere im Sommer, wenn ihre Eltern im Hotel arbeiteten, von den Großeltern liebevoll betreut worden war.

Das Einkommen ihrer Eltern war nie üppig gewesen, aber weil sie zusammen bei den Großeltern mietfrei in einem Haus gelebt hatten, hatte es gereicht. Das Leben nah am Meer war für sie als Kind wunderbar gewesen, und auch wenn Riccione in der Zeit von Oktober bis Ostern ziemlich ausgestorben war, hatte sie nichts vermisst. Ihr Vater allerdings war stets unzufrieden gewesen, die Nähe zu seinen Schwiegereltern engte ihn ein, und als ihre Mutter das zweite Kind erwartete, hatte er sich nach Deutschland beworben und sofort einen Job bekommen.

Zunächst waren für Meggy die Sprache und das rauere Klima das größte Problem gewesen. Damals ahnte sie noch nicht, dass weitere folgen sollten. Die Familie hatte zunächst eine geräumige Dreizimmerwohnung im Olympiazentrum bezogen und Meggy hatte sich nach und nach eingelebt. Sie hatte eine Freundin gefunden und kam nach einiger Zeit auch mit der Sprache immer besser zurecht. Ihr Bruder wurde geboren und beanspruchte überwiegend die Aufmerksamkeit ihrer Mutter, aber Meggy war auch stolz auf ihren kleinen Bruder und dass sie ihn im Kinderwagen von der Wohnung bis zum Spielplatz schieben durfte. Das erste Jahr in Deutschland verlief ohne weitere Zwischenfälle, aber im zweiten Jahr stand plötzlich ein Gerichtsvollzieher vor der Tür, der sich in der Wohnung nach pfändbaren Gegenständen umsah und außer dem großen neuen Fernsehgerät in der ansonsten einfach eingerichteten Wohnung nichts fand, auf das er seinen Kuckuck hätte kleben können. Meggys Mutter war alarmiert und stellte ihren Mann zur Rede, woher die Schulden kämen. Er erzählte ihr eine komplizierte Geschichte, wonach er einem Kollegen Geld geliehen hätte, das er nicht rechtzeitig für die Mietzahlung zurückbekommen hätte, aber nach und nach stellte sich heraus, dass Meggys Vater ganz erhebliche Spielschulden hatte, die er mit geliehenem Geld verursacht hatte.

Zweimal kreuzten auch wütende Männer vor der Wohnungstür auf, was die Nachbarn dazu veranlasste, die Polizei zu rufen. Anschließend stritten sich die Eltern und das Baby schrie. Meggy hoffte heimlich, dass die Eltern sich dazu entschließen würden, wieder nach Italien zurückzuziehen, aber als sie ihre Mutter einmal danach fragte, sagte sie ihr, dass sie sich schäme, nach Hause zu kommen. Stattdessen trennten sich ihre Eltern und ließen sich scheiden, als sie neun Jahre alt war. Meggys Mutter ging zum Jugend- und zum Sozialamt. Sie bekam die kleine Zweizimmerwohnung im Hochhaus zugewiesen, Claudio kam in eine Kinderkrippe und Meggys Mutter fing an, in einer Bäckerei zu arbeiten. Anfangs zahlte ihr Vater noch Unterhalt. Schließlich wurde er bei BMW wegen Alkoholproblemen entlassen, und irgendwann verlor sich seine Spur und es gab keine Unterhaltszahlungen mehr.

Erst zwei Jahre nach ihrer Ehescheidung wagte Meggys Mutter, mit den beiden Kindern nach Riccione zu fahren. Meggy wäre am liebsten dortgeblieben, aber sie wusste, dass das für ihre Mutter nicht infrage kam. Sie wollte ihren Eltern nicht auf der Tasche liegen und es war klar, dass es in der Wintersaison in Riccione voraussichtlich keine Arbeit geben würde. Meggy gewöhnte sich an die Situation, ging gerne in die Schule und befreundete sich mit Paula aus dem sechsten Stock. Oft durfte sie auch vom Hort früher nach Hause, um mit ihr zu spielen. An das Hochhaus gewöhnte sie sich allerdings nie. Eine Zeit lang hatte es eine Jugendgang gegeben, vor der sie Angst hatte, obwohl sie nie persönlich bedroht wurde, aber die Jugendlichen waren ihr unheimlich. Als sie zwölf Jahre alt war, beschlossen Paula und sie, dass sie ausziehen würden, sobald sie alt genug wären.

Nun hatte es immerhin weitere sechs Jahre gedauert, bis ihr Wunsch in Erfüllung ging, aber heute war der große Tag. Mit Unterstützung der Großmutter, die ihr Geld zugesteckt hatte, damit sie die Kaution bezahlen und eine Wohnung einrichten konnte, hatten Paula und sie eine kleine Wohnung im Olympiazentrum im zweiten (!) Stock gemietet. Die Wohnung hatte einen kleinen Balkon zur Südseite und dort hatte sie bereits das kleine Oliven- und das kleine Zitronenbäumchen platziert, die ihre Großmutter ihr mitgegeben hatte.

Leider war ihr Großvater vor zwei Jahren verstorben. Ihre Nonna, wie Meggy sie liebevoll nannte, konnte seitdem großzügiger mit dem Geld umgehen als zu der Zeit, als noch ihr Mann die Hand darauf gehabt hatte.
„Dafür lade ich dich auch nach München ein", hatte Meggy gesagt und ihre Großmutter hatte gelacht.
„Du wirst schon sehen! Dann gehen wir beide auf den Olympiaberg und du kannst dir die ganze Stadt von oben ansehen", hatte sie hinzugefügt und den Vorsatz gefasst, ihre Idee in die Tat umzusetzen, sobald sie richtig eingerichtet war. Außerdem würde sie selbst bald genügend Geld verdienen. Sie musste nur noch die letzten zwei Prüfungen schaffen. Dann war sie voll ausgebildete Rechtsanwaltsfachkraft. Und die waren gesucht!
Inzwischen schleppte sie ihre Kiste zusammen mit dem Bademantel, der schon auf die Erde gerutscht war und unbedingt gewaschen werden musste, weiter zum Parkplatz, auf dem Paula mit dem Auto ihres Vaters wartete, um den Umzug zum Abschluss zu bringen.
„Na endlich!", empfing ihre Freundin sie, während sie die Tür zum Rücksitz öffnete.
„Finito!", entgegnete Meggy und grinste.
„Es ist geschafft, und wir sind geschafft!"
Die Frauen stiegen ein.
„Ich denke, unterwegs kaufen wir uns noch eine Pizza."
„Und eine Flasche Rotwein."
„Und ein Eis."
„Und Zigaretten."
„Und Champagner."
„Und Blumenkohl."
Paula musste lachen.

„Brauchts nicht", erklärte sie, „das habe ich gestern alles schon besorgt. Bis auf den Blumenkohl. Unsere erste gemeinsame Wohnung ist eine Party wert."
„Unbedingt!", sagte Meggy und schloss für einen Moment glücklich die Augen.

2. Kapitel

Helen war zügig vorangeschritten, aber bereits auf der Hälfte der Strecke zwischen dem Parkplatz und der Hütte, die sie mit ihrem Freund Stefan erreichen wollte, war sie völlig außer Atem. Sie blieb stehen, drehte sich um und blickte ins Tal. Jetzt, Anfang Mai, waren die Tage bereits lang. Es war Freitagabend und die Fahrt von München nach Südtirol hatte wieder einmal länger gedauert als geplant. Bereits am Autobahnende bei Garmisch waren sie in einen langwierigen Stau gekommen und vor Sterzing erneut.

„Wir hätten früher losfahren sollen", überlegte Helen. Stefan hatte darauf gedrängt, dass sie sich den Freitagnachmittag freinehmen würde. Aber dann war sie mit einem Schriftsatz, mit dem sie bereits am Morgen begonnen hatte, nicht so schnell wie geplant fertig geworden, und so waren sie erst gegen 15 Uhr gestartet. Stefan war ein geduldiger Autofahrer und hatte ihr keine Vorwürfe gemacht, aber Helen war mit sich unzufrieden.

„Momentan haben wir einfach zu viel Arbeit in der Kanzlei, komplizierte Fälle, langwierige Berechnungen, die ständig ergänzt und abgeändert werden müssen."

Helen liebte es, Anwältin zu sein, scheute auch komplizierte Scheidungsverfahren nicht und verstand gut, sich durchzusetzen. Aber in letzter Zeit hatte sie manchmal das Gefühl, dass ihr alles zu viel wurde.

„Vielleicht werde ich einfach alt", überlegte sie, aber mit vierundvierzig konnte man sich schlecht zur Ruhe setzen.

„Ich brauche einfach eine Pause", dachte sie und entschloss sich, weiterzugehen.

„Ist bei dir alles in Ordnung?", rief ihr Stefan von weiter oben am Berg zu.

„Ja, ich bin nur etwas müde!", schrie Helen zurück. Sie stieg langsam und gleichmäßig aufwärts und als sie endlich bei der Hütte ankam, hatte Stefan bereits die Tür aufgeschlossen, die Fensterläden geöffnet und war dabei, die Essensvorräte, die er mitgebracht hatte, zu verstauen. Helen ließ sich auf die Bank vor dem Häuschen plumpsen.

„Ich bin völlig k.o.", behauptete sie.

„Du bist vermutlich nur aus der Übung und du arbeitest zu viel."

„Da gebe ich dir Recht. Insbesondere dieses Verfahren Gossmann nervt."

Stefan trat aus der Tür und setzte sich neben Helen. Er legte ihr den Arm um die Schultern und flüsterte ihr ins Ohr: „Jetzt sind wir hier und du kannst alle deine Fälle für die nächsten drei Tage loslassen und brauchst dich um nichts mehr zu kümmern. Ich werde dich verwöhnen, für dich kochen, wir trödeln hier einfach herum und machen nur das, was Spaß macht."

„Guter Plan", murmelte Helen, schloss die Augen und lehnte ihren Kopf an seine Schulter.

3. Kapitel

Kerstin lehnte sich entspannt auf dem Beifahrersitz zurück und atmete einmal tief ein und aus.
„Geschafft!", dachte sie. Gestern Abend hatte sie alles, was in der Kanzlei angefallen war, bearbeitet, heute Morgen für die Familie eingekauft, die Wäsche gebügelt und eingeräumt, sodass sie ihre Lieben die nächsten dreieinhalb Tage mit gutem Gewissen alleinlassen konnte. Kerstin sah zur Fahrerin.
„Herzlichen Dank, Monika, dass du den Umweg zu mir gemacht hast und mich zu unserer Mediationsausbildung mitnimmst."
„Gerne. So können uns schon mal unterhalten und die Zeit vergeht schneller. Außerdem hat mir die kleine Pause bei dir gutgetan. Danke für den leckeren Espresso und Kuchen bei dir."
„Das ist doch das Mindeste, was ich für dich tun kann, du bist doch schon eine Zeit lang unterwegs."
„Heute ging es ganz flott, von Uffing aus zu dir, kein Stau weit und breit."
„Jetzt fahren wir zum dritten Ausbildungsmodul. Kannst du dir vorstellen, dass wir nach drei weiteren gekonnt mediieren?"
„Keine Ahnung! Ich fühle mich noch unsicher", bekannte Monika. „Zwar bekomme ich inzwischen das sogenannte ‚Erstgespräch' hin, bei dem die Rahmenbedingungen und Regeln für eine Mediation besprochen werden, sodass ich mit den Parteien einen Mediationsvertrag abschließen und ein Mediationsziel finden kann, zum Beispiel ‚Wir möchten uns gerne einvernehmlich trennen, damit wir uns auch später noch im Guten begegnen können'. In der nächsten

Sitzung würde ich mit der Themensammlung beginnen, damit allen klar ist, was in der Mediation besprochen werden soll."

„Dann ein Thema auswählen, mit dem begonnen werden soll", ergänzte Kerstin.

„Da kam ich beim letzten Rollenspiel schon ins Schwitzen, weil das Paar fürchterlich gestritten hat und sich nicht darauf einigen konnte, ob nun das Thema ‚Wer wohnt in Zukunft wo?' oder das Thema ‚Wer betreut wann die Kinder?' wichtiger sei."

„Da war es gut, dass unser Trainer das Rollenspiel übernommen und Dampf rausgenommen hat, als er erklärt hat, dass selbstverständlich alle Themen bearbeitet werden und alle letztendlich zusammenhängen. Außerdem war es hilfreich, die Parteien daran zu erinnern, dass die in dieser Sitzung zur Verfügung stehende Zeit entweder auf die Auswahl des Themas oder auf die Bearbeitung verwandt werden könne."

„Mir erschien hilfreich, die Parteien nicht zu lange streiten zu lassen, sondern als Mediatorin zu intervenieren, damit das Ganze wieder produktiver wird."

„Damit habe ich noch große Schwierigkeiten und bin schnell überfordert, wenn es Streit gibt."

„Ich hoffe, dass wir eines Tages sicherer sein werden. Trotzdem freue ich mich auf die vor uns liegenden Tage. Inzwischen sind wir eine richtig gute Gruppe geworden. Wir unterstützen uns gegenseitig."

Sie waren inzwischen auf der Autobahn Richtung Salzburg unterwegs und schwiegen einige Zeit, auch weil der Verkehr dicht war und Monika mehrmals die Spur wechseln musste, um gut voranzukommen. Als sich die Verkehrslage entspannte, fragte Monika: „Wie

geht es deinen Kindern? Du weißt, meine sind schon erwachsen und führen ihr eigenes Leben."
„Lisa ist jetzt sechzehn und mein Mann Mark und ich mussten ein paar Grenzen setzen", berichtete Kerstin. „Das ist bei ihr nicht immer gut angekommen. Sie hat ein paar Freunde und Freundinnen, die etwas älter sind als sie und denen erlaubt wird, bis nachts um zwölf um die Häuser zu ziehen. Wir haben ihr erklärt, dass sie um 22 Uhr zu Hause sein soll. Julian, unser Jüngster, ist gerade zehn geworden und ist immer noch kindlich. Ich genieße es, wenn er manchmal am Samstagabend mit uns zusammen fernsieht und ganz glücklich ist, wenn wir eine Packung Chips aufmachen, die er dann in sich hineinfuttert. Auch bei Ausflügen geht er immer noch gerne mit. Manchmal möchte er einen Freund mitnehmen, aber er kann es auch genießen, wenn Mark und ich uns nur um ihn kümmern. Dadurch, dass ich in den letzten Jahren immer ganztags in der Kanzlei gearbeitet habe, weiß er es zu schätzen, wenn wir Zeit füreinander haben. Bei Lisa hingegen habe ich den Eindruck, dass sie glücklich ist, wenn wir das Haus verlassen und sie sturmfrei hat."
Kerstin überlegte kurz, ob sie Monika auch von Marks außerehelicher Tochter Birgit erzählen sollte, die bereits zwanzig Jahre alt war und die sie erst vor eineinhalb Jahren kennengelernt hatte. Sie entschied sich dagegen. Eigentlich fand sie die Sache mit Birgit immer noch irritierend. Zwar hatte sie Mark inzwischen verziehen, dass er ihr nicht früher davon berichtet hatte, aber dass ihr Mann noch ein weiteres Kind hatte, löste bei ihr immer noch Unbehagen aus. Kerstin nahm sich vor, das Thema zu wechseln.
„Warst du dieses Jahr im Urlaub?", fragte sie daher und hoffte, dass sie mit dieser unverfänglichen Frage auch

ihr ungutes Gefühl wieder loswurde. Während Monika begeistert von ihrer Reise nach Griechenland erzählte, kamen sie eine Viertelstunde später am Tagungsort an.

4. Kapitel

„Kanzlei Binz und Bärenreuther, Frau Vogt am Apparat", meldete sich die Rechtsanwaltsfachkraft wie immer routiniert, während sie mit der linken Hand den Telefonhörer hielt und mit der rechten bei ihrem Laptop auf ‚Drucken' klickte, um den Schriftsatz, den Rechtsanwältin Binz nach ihren Korrekturen freigegeben hatte, dreifach auszudrucken und ihn ihr erneut zur Unterschrift vorzulegen. Weil der Drucker anhaltend und laut brummte, während er die angeforderten Seiten freigab, hatte Frau Vogt den Namen des Anrufers nicht verstanden und musste nachfragen. „Ich sollte nicht immer alles gleichzeitig machen, aber zurzeit ist so viel zu tun, irgendwann möchte ich auch mal fertig werden", rechtfertigte sie sich.

„Ach, Sie sind es, Herr Bosch", begrüßte sie den Anrufer schließlich. „Sie müssen entschuldigen, es war gerade etwas laut und ich konnte Sie nicht verstehen."

„Das macht doch nichts", antwortete der Mandant, „ich bedaure, dass ich schon wieder Hilfe von Frau Rechtsanwältin Bärenreuther benötige, aber der Rechtsanwalt meiner Ex-Frau hat mir ein längeres Schreiben geschickt. Ich dachte, wir wären in dieser Angelegenheit fertig. Wie Sie wissen, haben wir für die Betreuung unserer Zwillinge das Wechselmodell vereinbart, eine Woche sind sie bei mir, dann bei ihrer Mutter. Das hat bisher prima funktioniert. Aber nun möchte sie, dass ich an allen Samstagen die Kinder nehme, damit sie zusammen mit ihrem Lover, dem Yoga-Heini, Kurse abhalten kann. Es wäre doch Blödsinn, wenn die Kinder in der Woche, in der sie nicht bei mir sind, für einen Tag zu uns kommen würden!"

Frau Vogt nutzte geschickt die Atempause von Herrn Bosch und erklärte: „Frau Bärenreuther ist noch bei Gericht. Ich werde ihr ausrichten, dass sie zurückrufen soll. Sind Sie heute Nachmittag erreichbar?"

„Auf meinem Handy jederzeit. Die Sache ist mir wichtig, sodass ich auch eine Sitzung unterbrechen kann."

„Das habe ich notiert."

„Vielen Dank!"

„Gerne!", antwortete Frau Vogt beflissen und legte auf. Anschließend nahm sie die Kopien aus dem Drucker, heftete je drei Seiten zusammen, versah die Exemplare zwei und drei, die an das Gericht und die Gegenseite gingen, mit einem „Kopie"-Stempel und legte sie anschließend in die Mappe zur Unterschrift, in der sich seit dem Morgen bereits fünf weitere Schriftsätze angesammelt hatten.

„Jetzt werde ich mir endlich das Stück Quiche essen, das ich mitgebracht habe, und mir einen Espresso gönnen", entschied sich Frau Vogt. Seit neun Uhr morgens hatte sie gearbeitet, jetzt war es bereits halb zwei. Gerade als sie in die Küche gehen wollte, klingelte das Telefon erneut. Eigentlich hatte die Kanzlei zwischen ein und zwei Uhr geschlossen und Frau Vogt konnte den Anrufbeantworter anschalten, aber sie erkannte die Handynummer von Frau Bärenreuther und nahm ab.

„Danke, dass Sie sich auch in Ihrer Mittagspause melden, Frau Vogt", schallte es ihr entgegen, „aber ich werde es heute nicht mehr in die Kanzlei schaffen. Ich sitze im Notariat in der Sache Hirschbichl zur Beurkundung und wir warten seit einer Stunde auf den

Notar und sind immer noch nicht dran. Die Gegenseite hat auch noch ihren Steuerberater mitgebracht. Ich denke, es wird Stunden dauern, den Vertrag zur Teilung der Zahnarztpraxis vorzulesen und abschließend zu diskutieren. Er umfasst zweiunddreißig Seiten! Und wenn sich auch noch der Steuerberater einschaltet, gibt es sicher Änderungen."
„Das klingt aufwändig! Dann werden wir uns erst morgen Vormittag wiedersehen."
„Drücken Sie mir die Daumen, dass wir die Sache heute abschließen können."
„Das wäre wünschenswert. Sie haben Monate auf diesen Vertrag hingearbeitet."
„Es geht auch um viel. Ein Zahnarzt-Ehepaar, das im Rahmen einer Scheidung die gemeinsame Praxis auflösen möchte, das ist nicht einfach."
„Ehe ich es vergesse: Herr Bosch hat angerufen. Er hat einen Schriftsatz von der Gegenseite erhalten."
„Ich dachte, die Sache sei abgeschlossen …"
„Es geht um die Umgangszeiten der Kinder. Ich habe Herrn Bosch zugesagt, dass Sie heute Nachmittag noch anrufen."
„Das wird wohl nichts werden. Vertrösten Sie ihn bitte auf morgen. Er soll das anwaltliche Schreiben an uns faxen. Ich rufe ihn zurück, sobald ich es gelesen habe. Ich lege jetzt auf. Wir kommen endlich dran!"
„Bis morgen, Frau Bärenreuther", beeilte sich Frau Vogt zu sagen, und legte auf. Sicherheitshalber schaltete sie den Anrufbeantworter ein, damit sie nicht erneut gestört würde. Kaum war Frau Vogt in der Kaffeeküche, als Frau Binz zu ihr trat.
„Soll ich Ihnen auch einen Espresso machen?", fragte Frau Vogt.

„Nein, ich wollte gerade gehen und Sie darüber informieren, dass ich heute Nachmittag einen Termin habe."
Frau Vogt sah sie erstaunt an. „Meines Wissens ist der im Kalender gar nicht eingetragen."
„Ich habe vergessen, das einzutragen. Ich habe einen Arzttermin und gehe davon aus …"
„Fühlen Sie sich krank? Sie sehen etwas blass aus", sagte Frau Vogt.
„Ich bin müde und überarbeitet."
„Das sind wir alle", dachte Frau Vogt und äußerte laut: „Dann lassen Sie sich mal gründlich untersuchen, vielleicht findet sich etwas, was Ihnen weiterhilft."
„Das hoffe ich! Gestern Abend bin ich gleich nach den Nachrichten auf der Couch eingeschlafen. Zum Joggen kann ich mich auch nicht aufraffen. Ich wollte Sie vorwarnen: In der Sache Neumann wird vermutlich der Gegenanwalt anrufen und versuchen, mich von einer weiteren Klage abzubringen. Er behauptet, sein Mandant, ein Schönheitschirurg, würde einfach nichts verdienen."
„Kaum zu glauben", sagte Frau Vogt, „dass er meint, mit so einer Ausrede durchzukommen."
„Kann schon sein, dass der Herr nichts verdient. Aber weil er sich nicht anstrengt. Ich denke, ich werde die Mandantin bitten, bei der Polizei eine Anzeige wegen Unterhaltspflichtverletzung einzureichen. Sie hat seit zwei Monaten keinen Kindesunterhalt mehr bekommen. Zwar verdient sie selbst einigermaßen, aber so geht's doch nicht! Diesem Anwalt können Sie mitteilen, dass ich diese Woche nicht mehr zu sprechen bin."
„Das mache ich."

„Jetzt will ich Sie nicht weiter in Ihrer Mittagspause stören. Wir sehen uns morgen."
„Sicher", sagte Frau Vogt und setzte sich mit ihrer Tasse Espresso an den Tisch, um ihr Mahl zu genießen. „Ich hätte mir noch etwas Salat dazukaufen sollen", überlegte sie, „dann wäre es ein richtiges vollwertiges Mittagessen. Aber so geht es auch." Sie nahm sich vor, den Anrufbeantworter heute ein wenig später als sonst auszustellen.

5. Kapitel

Helen hoffte, bei ihrer Frauenärztin nicht lange warten zu müssen, dafür hatte sie sich extra gleich zu Beginn der Nachmittagssprechstunde einen Termin reservieren lassen. Nachdem sie am Praxiseingang die üblichen Formalitäten erledigt hatte, nahm sie im Wartezimmer Platz und war erfreut, offensichtlich die erste Patientin zu sein. Gleich nach ihr kam eine junge Mutter mit Kleinkind. Noch bevor die junge Frau ihre Jacke abgelegt und sich gesetzt hatte, wurde Helen aufgerufen.

„Das klappt wie am Schnürchen", freute sie sich, „vielleicht könnte ich anschließend doch noch in die Kanzlei gehen." Wobei ihr ein Ausklingen des Nachmittags auf ihrem Balkon wesentlich attraktiver erschien.

„Guten Tag, Frau Binz. Was kann ich für Sie tun?", fragte die Ärztin, kaum dass Helen sich gesetzt hatte.

„Ich habe meinen jährlichen Check etwas vorgezogen und die Bitte, ein Blutbild zu erstellen. Ich fühle mich in letzter Zeit müde und ausgelaugt, vielleicht habe ich einen Vitaminmangel."

„Vermutlich haben Sie als Anwältin auch viel zu tun."

„Viel zu viel!", klagte Helen. „Als meine Kollegin und ich vor ein paar Jahren die Kanzlei eröffnet haben, haben wir uns über jedes Mandat gefreut. Nun sind wir bekannt geworden und werden überschwemmt."

„Dann sollte man das eine oder andere Mandat vielleicht auch ablehnen", gab die Ärztin zu bedenken. „Ich habe das gleiche Problem. Nachdem die Praxis gut eingeführt war, musste ich einen Aufnahmestopp für neue Patienten erlassen. Das ist mir schwergefallen.

Inzwischen geht es wieder. Ich habe eine Kollegin, die mich an meinen freien Nachmittagen am Mittwoch und Freitag vertritt."
„Das ist eine gute Lösung. Aber wir arbeiten bereits Vollzeit, die Räume sind besetzt, ich wüsste nicht, wie wir uns erweitern könnten. Vermutlich haben Sie Recht. Es bleibt nur ein Aufnahmestopp für neue Mandanten, zumindest einige Zeit. Ich werde das mit meiner Kollegin besprechen."
„Nun ist das nicht das Thema, weshalb Sie zu mir gekommen sind. Gerne können wir ein ausführliches Blutbild erstellen lassen. Oft fehlen Eisen oder Vitamine. Zunächst möchte ich Sie aber untersuchen. Vielleicht ergeben sich dann weitere Anhaltspunkte, was getestet werden sollte."
Beide Frauen gingen ins Untersuchungszimmer, Helen zog sich, soweit notwendig, aus und machte sich für die Untersuchung bereit.
„Wann hatten Sie zuletzt Ihre Periode?", erkundigte sich die Ärztin, während sie mit der Untersuchung begann.
Helen überlegte. „Ehrlich gesagt, ich weiß es schon gar nicht mehr. Das war im letzten Jahr alles schon etwas unregelmäßig. Das ist doch normal, wenn man vierundvierzig ist."
„Das ist sehr unterschiedlich. Es kann gut sein, dass bei Ihnen bereits die Menopause beginnt. Dennoch habe ich bei Ihnen einen anderen Verdacht."
„Was für einen Verdacht?", schreckte Helen hoch und setzte sich auf.
„Machen Sie sich keine Sorgen, ich mache nur einen Ultraschall."
Helen merkte, wie sie sich verspannte. Auf was wollte die Ärztin hinaus? Ein Geschwür im Unterleib?

„Bitte nicht erschrecken! Das Gel, das ich auftrage, ist etwas kühl." Anschließend fuhr sie mit ihrem Gerät auf Helens Bauch von rechts nach links und rückte dann den Monitor so, dass Helen es sehen konnte.
„Herzlichen Glückwunsch, Frau Binz! Sie sind schwanger. Vermutlich im fünften Monat."
Helen starrte das Bild an. Sie sah einen Kreis und in der Mitte etwas pochen.
„Sehen Sie, das ist der Körper. In der Mitte pocht das Herz. Da ist das Köpfchen. Und hier sehen wir auch ein Ärmchen."
„Das gibt es nicht", sagte Helen, „das kann doch nicht wahr sein. Wir haben doch immer verhütet." „Na ja, meistens", dachte sie. „Sind Sie ganz sicher?"
Die Ärztin lachte. „Sehr sicher!", sagte sie. „Ich hatte nur eine Patientin, deren Schwangerschaft noch weiter fortgeschritten war, bis sie entdeckt wurde. Die Dame war schon im siebten Monat, allerdings sehr korpulent, sodass es ihr wohl lange Zeit nicht aufgefallen ist, dass ein Kind heranwuchs."
„Mir ist schon aufgefallen, dass ich runder werde, und ich hatte auch überhaupt keine Lust mehr zu joggen, und ständig diese Müdigkeit."
„Übel war Ihnen nicht?"
„Ich glaube ein, zwei Mal. Aber das konnte ich nicht zuordnen. Das ist wirklich ein Knaller. Ich habe gedacht, mit vierundvierzig werde ich nicht mehr so einfach schwanger."
„Das ist statistisch auch so. Aber eben nur statistisch. Ich habe einige Patientinnen, die Sie darum beneiden würden. Ich kann Ihnen nur gratulieren. – Oder sind Sie in einer Situation, in der Sie das Kind auf keinen Fall behalten möchten?"

„Das nicht", bekannte Helen, „mein Freund hat mir einmal gesagt, dass er sich immer Kinder gewünscht hat."
„Stefan wird staunen", überlegte Helen. Sie selbst wusste noch gar nicht, wie sie das Ganze fand, sie war einfach zu überrascht.
„Ich messe hier noch einmal ein paar Daten aus, damit wir möglichst genau berechnen können, wann Ihr Kind zur Welt kommen möchte, und natürlich werde ich ein Blutbild veranlassen."
Als Helen eine halbe Stunde später die Arztpraxis mit einigen Prospekten zum Thema Schwangerschaft sowie einem Zettel, auf dem als errechneter Geburtstermin der zwölfte September eingetragen war, verließ und wieder auf der Straße stand, konnte sie es immer noch kaum glauben. „Was mache ich als Nächstes?", überlegte sie und entschied sich, erst einmal nach Hause zu gehen und sich auf den Balkon zu legen. „Ich denke, ich muss diese unerwartete Neuigkeit erst einmal verdauen. Danach werde ich Stefan anrufen und ihn fragen, ob er Zeit hat, heute Abend vorbeizukommen. Das sollten wir mit einem Prosecco feiern." Wobei ihr sofort einfiel, dass Alkohol ab jetzt verboten war. „Also muss ich vorher noch einen alkoholfreien Prosecco kaufen, vielleicht auch nur ein kleines Fläschchen für mich, Stefan trinkt sowieso viel lieber Bier." Sie konnte sich nicht vorstellen, ihn für alkoholfreien Prosecco zu begeistern, wenn sie selbst skeptisch war, wie das Getränk schmecken würde.
„Aber essen soll man als Schwangere auf alle Fälle", dachte sie und ging zielstrebig zum nächsten türkischen Feinkostgeschäft, um sich fünf verschiedenfarbige Brotaufstriche, zwei Arten von Oliven und beim

Bäcker noch ein knuspriges Baguette zu gönnen. „Falls Stefan keine Zeit hat, esse ich das alles allein auf, ich darf ab jetzt für zwei essen", dachte sie zufrieden und machte sich auf den Heimweg.

6. Kapitel

Frau Vogt freute sich, dass sie endlich zu Hause angelangt war. Sie schloss die Haustür, nahm ihre Einkaufstasche und stieg die drei Stockwerke bis zu ihrer Eigentumswohnung empor, die ihr Mann Herbert und sie vor dreißig Jahren gekauft hatten. Sie war nach wie vor glücklich darüber, dass sie sich damals zu diesem Schritt entschlossen hatten, und seitdem ihr Sohn Manuel ausgezogen war, hatten sie mit drei Zimmern ausreichend Platz, um es sich gemütlich zu machen.

Kaum hatte sie die Wohnungstür aufgeschlossen und die Garderobe betreten, rief ihr Mann ihr etwas zu, was sie nicht verstand. „Das kann sicher noch einen Moment warten", dachte sie, stellte die Tasche ab, hängte ihre Jacke auf und ging erst einmal ins Badezimmer, um sich die Hände zu waschen. Dann betrat sie das Wohnzimmer.

„Guten Abend, Herbert. Ich habe nicht verstanden, was du eben gesagt hast."

Ihr Mann ließ die Zeitung sinken. „Ich habe dich gefragt, ob du heute Morgen die Antwort für das Preisausschreiben eingeworfen hast."

„Natürlich! Du weißt doch, in diesen Dingen bin ich genau. Das bringt schon mein Beruf mit sich", entgegnete Frau Vogt, sah ihn dabei herausfordernd an und lachte anschließend. „Warum ist dir das so wichtig?"

„Du weißt doch, der erste Preis wäre eine Traumreise von New York in die Karibik. Auf einem dieser gigantischen Kreuzfahrtschiffe."

„Die sind doch umweltschädlich, oder?"

„Klar", brummte ihr Mann, „aber bisher haben wir bestimmt keinen großen CO^2-Fußabdruck hinterlassen. Als Manuel klein war, sind wir mit unserem Auto jeden Sommer an die Adria gefahren, später meist mit dem Zug an die Nord- und Ostsee. Geflogen sind wir nicht."
„Doch, einmal nach Lissabon."
„Aber vergleich das mal mit den jungen Leuten. Die sind andauernd sonst wo. Sie fliegen bereits nach dem Abitur nach Neuseeland oder Australien, in die USA, Südamerika, China, Indien oder wer weiß wohin."
Frau Vogt ließ sich in einen Sessel plumpsen. „Wenn wir die Reise gewinnen, was ich nicht für wahrscheinlich halte, dann fahre ich natürlich mit dir mit, Herbert."
„Ein Glück! Ich dachte schon, ich muss mich allein in der Luxussuite vergnügen."
„Ich glaube, von einer Luxussuite war nicht die Rede."
„Immerhin von einer Außenkabine der gehobenen Klasse."
„So", gähnte Frau Vogt desinteressiert, „ich bin müde. Bei der Arbeit war es heute anstrengend, und bei der Heimfahrt war die S-Bahn voll, sodass ich mich längere Zeit nicht setzen konnte. Dann war ich noch beim Metzger, da standen viele Leute an, und ausgerechnet die Frau vor mir hat für die Kommunion ihrer Tochter eingekauft und mit der Verkäuferin ewig über die Vor- und Nachteile von Kalbsbraten und Rehrücken und was weiß ich nicht alles diskutiert. Schließlich habe ich dann doch zwei Scheiben Leberkäse zum Anbräunen für heute Abend und sicherheitshalber für morgen Abend schon mal vier Fleischpflanzerl mitgebracht. Falls du nicht kochen magst. Anderenfalls nehme ich sie mit zur Arbeit, als Mittagessen."

„Vier Stück?"
„Nein, nur zwei davon. Dann hättest du auch ein Mittagessen."
„Das wäre praktisch, denn morgen habe ich Fußballtraining."
„Dann passt es ja."
„Nachdem du so k.o. bist, werde ich nachher das Abendessen übernehmen. Möchtest du Spiegelei zum Leberkäse?"
„Gerne", sagte Frau Vogt und stand auf. „Dann ziehe ich mich in der Zwischenzeit um."
„Ich wollte dir noch sagen, dass Manuel am Wochenende mit seiner neuen Freundin zu Besuch kommt. Er hat gefragt, ob er im neuen Gästezimmer schlafen kann."
„Mit der Freundin?"
Ihr Mann stutzte einen Moment. „So genau habe ich ihn gar nicht gefragt, aber ich denke schon. Die junge Frau ist auch aus Frankfurt, ebenfalls Bankerin, beim gleichen Kreditinstitut."
„Wann werden die beiden eintreffen?"
„Voraussichtlich Freitagnacht. Sie werden noch bis achtzehn Uhr arbeiten und dann mit dem Auto losfahren."
„Es wäre besser, wenn sie mit dem Zug fahren würden. Gibt es da nicht einen Sprinter, der nur drei Stunden braucht?"
„Sag das mal Manuel. Der ist doch ein Autonarr. Vermutlich will er seine Freundin mit seinem Flitzer beeindrucken."
„Ob das so beeindruckend ist, wenn er mit ihr im Stau steht?"
„Das kann uns doch egal sein", sagte Herbert.

„Da hast du auch wieder recht", sagte Frau Vogt, stand auf, ging zu ihm und drückte ihm einen dicken Kuss auf die Wange.

7. Kapitel

Am nächsten Tag kam Kerstin erst gegen halb zehn in die Kanzlei, weil sie morgens ihre Tochter Lisa zum Kieferchirurgen gefahren hatte, der ihr einen Weisheitszahn entfernen wollte. Eigentlich hatte ihr Mann Mark das übernehmen wollen, war aber dann unerwartet zu einer Baustelle gerufen worden. Kerstin konnte sich noch daran erinnern, wie unangenehm es gewesen war, als ihr die Weisheitszähne entfernt worden waren. Sie hatte mit Lisa vereinbart, dass sie auf der Heimfahrt ein Taxi nehmen sollte, sofern ihr Vater sie nicht rechtzeitig abholen würde.
„Alles wird gut gehen", versuchte sie sich zu beruhigen und war froh, dass sie sich durch Arbeit ablenken konnte. Kaum hatte sie die Tür zur Kanzlei geöffnet, wurde sie auch schon von Frau Vogt willkommen geheißen.
„Wie schön, dass Sie da sind, Frau Bärenreuther! Heute Morgen gab es bereits drei Anrufe für Sie, und einer wird Sie ganz besonders freuen!"
„Da bin ich aber gespannt. Um was handelt es sich denn?"
„Eine Anfrage wegen einer Mediation!"
„Das gibt es nicht!", sagte Kerstin. „Jetzt schon?! Ich habe noch keine Flyer verteilt geschweige denn gedruckt. Auch auf unserer Homepage haben wir das noch nicht eingestellt. Ich habe nur im Kollegenkreis bekanntgemacht, dass ich die Ausbildung mache."
„Daher kommt auch die Anfrage. Rechtsanwalt Gulden fragt an, ob Sie bereit wären, eine Mediation in einem seiner Mandate zu machen. Er würde dann, wenn die Mediation gelingt, die einvernehmliche

Ehescheidung durchführen. – Eigentlich verstehe ich das nicht, warum Sie das nicht auch machen können."
„Das muss immer getrennt sein. Als Mediator ist man für beide Parteien da. Dagegen kann man bei einer einvernehmlichen Ehescheidung immer nur eine Seite vertreten. Die einmal eingenommene Rolle muss man als Anwalt oder Mediator beibehalten."
„Bei einer einvernehmlichen Ehescheidung kann doch der eine den Antrag stellen und der andere stimmt nur zu. Da gibt es doch keine Probleme."
„Aber es könnte welche geben. Zum Beispiel beim Versorgungsausgleich, also bei der Teilung der Rentenanwartschaften, die immer mit geregelt werden."
„Ah, ich verstehe! Das ist also eine Art Vorsichtsmaßnahme."
„Genau! Und es gibt bereits ein Urteil des Bundesgerichtshofs: eine Kollegin, die in Teufels Küche kam, als sie beide Rollen wahrgenommen hat."
„Na, dann will ich Sie nicht weiter dazu überreden", lachte Frau Vogt.
„Wo ist eigentlich Helen?", erkundigte sich Kerstin, während sie die Tür zu ihrem Arbeitszimmer öffnete, um ihre schwere Aktentasche abzustellen. Darin befanden sich immer noch die Unterlagen zum umfangreichen Fall, den sie gestern beim Notar abgeschlossen hatte.
„Hier bin ich!", rief es aus dem Flur. Kerstin stellte ihre Tasche ab und eilte ihrer Kollegin entgegen. „Stell dir vor, wir haben soeben die erste Anfrage für eine Mediation bekommen!"
Helen blieb stehen, stützte die Arme in die Seite, und strahlte Kerstin an: „Sehr schön! Aber ich kann das noch toppen." Sie machte eine Kunstpause, während

der die beiden Frauen sie gespannt ansahen: „Stellt euch vor: ich bin schwanger!"
„Herzlichen Glückwunsch, Frau Binz", gratulierte Frau Vogt. Sie hatte nur ein paar Sekunden gebraucht, sich zu fangen.
„Kerstin, du hast den Mund immer noch offen", lästerte Helen grinsend.
„Stimmt", sagte Kerstin, „ich bin baff."
„Das war ich gestern auch", gab Helen zu. „Ich bin zur Ärztin, um mich wegen meiner Müdigkeit untersuchen zu lassen, und sie kam sehr schnell auf den Punkt, weil es im Ultraschall nicht zu übersehen war. Fünfter Monat."
„Du siehst tatsächlich etwas rundlich aus", stimmte Kerstin zu.
„Und deshalb habe ich mir soeben zwei Schwangerschaftshosen gekauft. Die betonen das Ganze mehr, als wenn ich mich in meine bisherige Kleidung zwängen würde. Ehrlich gesagt, ich hatte in den Wochen zuvor schon mal einen Gummiring durch das Knopfloch gezogen und ihn am Knopf befestigt, damit ich ein bisschen mehr Luft hatte."
„Das habe ich auch immer gemacht!", erklärte Frau Vogt.
„Ich auch", ergänzte Kerstin, „spätestens im vierten Monat. Früher musste man eigens weite Schwangerschaftskleidung anschaffen und wie ein Zelt herumlaufen."
„Und heutzutage darf man seinen Bauch herausstrecken", bemerkte Helen zufrieden.
„Darf ich fragen, was der werdende Vater dazu gesagt hat?", fragte Kerstin vorsichtig.
„Er war zunächst sprachlos und hat anschließend einen Freudentanz aufgeführt. Dann hat er sich, glaube ich,

betrunken. Jedenfalls hat er letzte Nacht ziemlich geschnarcht. Wahrscheinlich liegt er immer noch im Bett."

„Es sei ihm gegönnt."

„Das sind lauter erfreuliche Nachrichten", fasste Frau Vogt zusammen.

Kerstin juckte es zu fragen, ob Helen sich bereits etwas überlegt hätte, wer sie während des Mutterschutzes und in der ersten Zeit, nachdem das Kind geboren war, vertreten würde, aber dazu hatte ihre Kollegin vermutlich noch keine Zeit gehabt. Sie versuchte daher, sich auf die Gegenwart zu konzentrieren, und fragte: „Wollen wir das überraschende Ereignis irgendwie feiern?"

„Mir ist sehr danach", sagte Helen, „darf ich euch heute, nein, vielleicht besser morgen Mittag ..." Sie überlegte kurz, und wurde übermütig: „... in den Bayerischen Hof zum Essen einladen?"

„In den Bayerischen Hof?", fragte Frau Vogt, „Ist das nicht besonders edel, muss ich da etwas Besonderes anziehen?"

„Sie sehen immer wunderbar aus, Frau Vogt, Sie müssen nichts Besonderes anziehen."

„Wenn Sie meinen."

„Ich hoffe, wir dürfen etwas Alkohol trinken."

„Von mir aus gerne", sagte Helen, „ich versuche gerade mich an alkoholfreien Sekt zu gewöhnen. Er schmeckt gar nicht so schlecht."

„Wir werden doch nicht mitten am Tag Alkohol trinken?", fragte Frau Vogt.

„Wer weiß, ob ich widerstehen kann, wenn ich mich in einem so edlen Lokal mit erlesenen Weinen befinde ...", sagte Kerstin. „Aber jetzt werde ich mich um die Anrufe kümmern, die Sie notiert haben, Frau Vogt."

„Also abgemacht? Morgen, dreizehn Uhr?"
„Gerne", sagten Frau Vogt und Kerstin gleichzeitig und alle drei Frauen kehrten zufrieden an ihre Schreibtische zurück.

8. Kapitel

Als Kerstin am nächsten Tag von Allach aus zur Arbeit fuhr, führte sie ihr Weg nicht wie sonst über den Viktualienmarkt zum Büro. Sie unternahm vorher einen Abstecher zu einem renommierten Schreibwarengeschäft, um sich dort die Flipcharts anzusehen. Tags zuvor hatte sie zunächst mit dem Kollegen Gülden, der sie als Mediatorin empfohlen hatte, telefoniert. Er hatte Kerstin mitgeteilt, dass er seiner Mandantin, einer Frau Meyerhofer, zu einer Mediation geraten habe, da anderenfalls zu befürchten sei, dass es zu einem langwierigen Rechtsstreit kommen würde. Problem für seine Mandantin sei, dass sie mit den beiden halbwüchsigen Kindern in einem Haus neben den Schwiegereltern leben würde, das diese vor fünfzehn Jahren für das damals noch junge Ehepaar gebaut hätten. Die Ehefrau würde gerne ausziehen, weil sie die bösen Blicke ihrer Schwiegereltern nicht mehr ertragen würde, nachdem ihr Sohn ihnen mitgeteilt hatte, dass das Paar sich trennen wolle. Das Paar habe sich schon seit Längerem auseinandergelebt. Ausschlaggebend für die Trennung sei eine wohl schon länger andauernde Affäre des Ehemannes mit einer Arbeitskollegin. Der Ehemann sei aber nicht bereit, Unterhalt zu bezahlen, sodass Rechtsanwalt Gülden nichts anderes übrig bleiben würde, als zu klagen. Das hätte bereits im Vorfeld zu Streitigkeiten in der gesamten Familie geführt. Die Schwiegermutter habe ihr mitgeteilt, sie könne gerne ausziehen, aber doch von ihrem Sohn, der lebenslang gerackert hätte, um eine besondere Position zu erreichen, nicht auch noch Geld verlangen. Sie hätte das auch dem älteren Sohn des

Ehepaares entsprechend infiltriert, sodass auch Streit unter den Kindern über die weitere Vorgehensweise ausgebrochen sei. Dies alles hätte seine Mandantin inzwischen sehr mitgenommen, sie litte seit einigen Monaten unter Schlafstörungen und konnte teilweise nicht arbeiten, was besonders fatal sei, da sie freiberufliche Lektorin sei. Ihr Einkommen sei gerade so, dass sie für sich sorgen könne, aber auf dem Wohnungsmarkt im Münchner Umland keine der derzeit angebotenen Wohnungen finanzieren könne, auch wenn der ältere Sohn beim Vater bleiben würde und nur der jüngere mit ihr ziehen würde. Die Situation sei verfahren und für alle Beteiligten belastend.

Nachdem von dem Konflikt nunmehr auch noch die betagten Großeltern betroffen seien, sei ihm die Idee gekommen, ob sich hier nicht im Rahmen einer Mediation eine für alle Beteiligten akzeptable Lösung finden ließe.

„Ist denn der Ehemann mit einer Mediation einverstanden?", hatte Kerstin sich erkundigt. „Das weiß ich nicht", hatte Rechtsanwalt Gulden geantwortet. „Da müssen Sie nachfragen."

Erfahrungsgemäß war es bei diesem freiwilligen Verfahren die größte Hürde, beide Parteien an einen Tisch zu bekommen, wenn eine Seite von dieser Vorgehensweise nicht überzeugt war und sich auf anderen Wegen bessere Chancen ausrechnete. Manchmal war es ein Jahr später umgekehrt, wenn die anwaltlichen Bemühungen zu keinem abschließenden Erfolg geführt hatten, sodass nun von dieser Seite Anregung kam, es doch mit einer Mediation zu versuchen, nur um zu erfahren, dass ihr von der anderen Seite ein „zu spät" entgegengeschleudert wurde.

Kerstin hatte die Kontaktdaten seiner Mandantin erhalten, diese aber telefonisch bisher nicht erreicht. „Ganz gleich, ob es mit dieser Mediation etwas wird oder nicht", hatte sie überlegt, „in jedem Fall benötige ich ein Flipchart."

Im Geschäft angekommen, ließ sie sich verschiedene Ausführungen zeigen und entschied sich für ein Modell auf Rollen, das höhenverstellbar war und, wie der Verkäufer anpries, auf der Vorderseite eine scharfe Abrisskante hatte, sodass sich die Flipchartblätter, die nach der Bearbeitung abgenommen und anschließend sichtbar im Raum befestigt wurden, wunderbar entfernen ließen, ohne einzureißen.

Nachdem sie bezahlt hatte und das Lieferdatum für den übernächsten Werktag vereinbart worden war, verließ Kerstin das Geschäft und freute sich, als sie bald darauf am Viktualienmarkt angekommen war. Die Sonne schien und obwohl sie sich nicht die Zeit gönnte, alle Stände in Ruhe zu bewundern, erfreute sie sich an der Farbenpracht der Auslagen und hielt schließlich bei einem Obststand an. Sie kaufte ein Kilo kernlose Mandarinen und ein Kilo sündhaft teure, ebenfalls kernlose Weintrauben. „Sicher ist es gut, wenn wir in unserer Kanzleiküche etwas Obst vorrätig haben, damit unsere werdende Mutter nicht ständig auf Kekse und die allseits beliebten Pralinen zurückgreifen muss", überlegte sie. Einen Stand weiter entschied sie sich für einen opulenten Blumenstrauß, mit dem sie Helen noch einmal sichtbar zur Schwangerschaft gratulieren wollte. Schwerer bepackt als sonst stieg sie die zahlreichen Treppen zur Kanzlei hinauf und war froh, als sie endlich oben angekommen war. Sie freute sich bereits auf die Einladung zum Mittagessen im Bayerischen Hof und nahm sich vor, am Vormittag alles Dringliche abzuarbeiten, damit sie es nach dem sicher opulenten Mittagessen etwas geruhsamer angehen konnte.

9. Kapitel

Sarah war froh, als ihr Lebensgefährte Rainer gegen neunzehn Uhr endlich nach Hause kam. Ihr kleiner Sohn Robin, inzwischen achtzehn Monate alt, war seit einer Stunde quengelig. „Sicher ist er müde", dachte Sarah, „wir müssen morgens schon immer um halb acht aus dem Haus." Seitdem Robin ein Jahr alt war, arbeitete Sarah halbtags als Journalistin in einem Verlag. Deshalb mussten sie beide spätestens um halb sieben aufstehen, um Robin rechtzeitig fertig zu bekommen und ihn anschließend in die Kinderkrippe zu bringen. Dann fuhr sie von Germering nach München in die Arbeit. Robin konnte in der Kinderkrippe zu Mittag essen und seinen Mittagsschlaf halten. Spätestens um halb drei holte Sarah ihn ab. Meist gingen sie auf den Spielplatz, wo Sarah bereits einige Mütter kannte, und – wie sie fand – den Nachmittag ganz gut herumbekam. Aber heute hatte es den ganzen Tag geregnet, an Spielplatz war nicht zu denken. Robin langweilte sich inzwischen. Zwar hatte sie mit ihm zusammen für das Wochenende einen Kuchen gebacken und danach ließ er von seinem Parkhaus die bunten Autos nacheinander vom Parkdeck nach unten rauschen, was ihm jeweils ein lautes „Hey!" entlockte, wenn sie angekommen waren. Sarah hatte währenddessen Wiener Würstchen und Kartoffelsalat vorbereitet, in der Hoffnung, dass Rainer auch bald dazustoßen würde. Aber gegen halb sieben gab sie das Warten auf, aß mit Robin zu Abend und badete ihn. Sarah hoffte, dass Robin im Schlafanzug noch ein wenig durch die Wohnung sausen, danach aber bald einschlafen würde. Als Vorbereitung dazu hatte sie ihm erklärt, dass er seinen Teddy ins Bett legen solle, weil der bereits müde sei, in der Erwartung, dass Robin sich danebenlegen und sie ihm dann ein Bilderbuch vorlesen würde. Aber Robin hatte den Teddy nur in die Ecke geschleudert und seinen Kopf so entschieden hin- und hergeworfen, dass zweifelte, dass ihr Plan in absehbarer Zeit aufgehen würde.

„Schon anstrengend, so ein Leben als arbeitende Mutter", überlegte sie. „Wie mag es da erst den Frauen gehen, die ihre Kinder allein erziehen …?" In der Schwangerschaft und in den ersten Lebensmonaten von Robin hatte sie bei ihrer Tante Helen gewohnt, die sie gerne unterstützt hatte. Anschließend war sie zu Robins Vater Ben in die USA geflogen und dort in seiner Familie herzlich willkommen gewesen. Als Robin ungefähr ein halbes Jahr alt war, war sie mit ihrem jetzigen Lebensgefährten Rainer zusammengezogen, der ihr half, wo immer er konnte, ebenso wie Sarah ihm. Rainer war geschieden und seine inzwischen neunjährigen Zwillinge Maxi und Vicky kamen jede zweite Woche für sieben Tage zu ihnen. Wenn alle drei Kinder im Haus waren, erschien es ihr manchmal leichter, ihren kleinen Sohn zu beschäftigen, dem die Zwillinge begeistert einen Teil ihrer Zeit widmeten, und Robin war oft damit zufrieden, ihnen zuzusehen. Sei es, dass Maxi mit seiner Schwimmbrille durch die Wohnung rannte und Rennfahrer spielte, oder Vicky ihm vortanzte, was sie in der Ballettstunde gelernt hatte. Anstrengend fand Sarah allerdings, dass die beiden ihre Hausaufgaben, wenn sie aus dem Hort kamen, oft nicht vollständig erledigt hatten und dabei Unterstützung benötigten. So musste sie häufig mit Maxi das Einmaleins üben, da er sich, im Gegensatz zu Vicky, in der Schule manchmal schwertat. Außerdem sah die Wohnung oft wie ein Schlachtfeld aus, der Küchenboden klebte von heruntergefallenen Essensresten, und der Badteppich wurde klitschnass, weil die Kinder in der Badewanne zu wild wurden. – Insgesamt war Sarah aber mit ihrem Leben zufrieden, Rainer und sie waren sich innig zugetan, und der Zauber des Verliebtseins war noch nicht verflogen. Vor ein paar Monaten hatte Sarah auch darüber nachgedacht, ob sie sich ein Kind von Rainer wünschen würde, aber es war ihr schnell klar geworden, dass ihr das wohl zu viel würde, ganz abgesehen von den finanziellen Einschränkungen, die es bedeuten würde, zusammen ein viertes Kind großzuziehen. Rainer verdiente zwar überdurchschnittlich gut, aber seine geschiedene Frau Elvira hatte es immer noch nicht geschafft, wieder als Fremdsprachen-korrespondentin zu arbeiten. Sie lebte zeitweise mit ihrem neuen Freund, einem Yogalehrer, zusammen, und es schien ihr ausreichend, ihn hie und da beim Unterricht zu unterstützen. Offensichtlich wollte sie jetzt eine Yogalehrerausbildung bei einem Institut machen, was bedeuten würde, dass die Kinder an sämtlichen Samstagen von Rainer und ihr zu betreuen wären. Sarah musste zugeben, dass sie darauf keine Lust hatte. An den Wochenenden hatten Rainer und sie für sich Zeit, wenn Robin seinen Mittagsschlaf machte und abends einigermaßen früh ins Bett ging. Daher fragte sie Rainer, kaum dass er die Tür geschlossen und den begeisterten Robin einmal durch die Luft geschwenkt hatte: „Hallo, Rainer! Wie war es bei deiner Anwältin?"

Rainer gab Sarah einen Kuss. „Hallo, meine Liebe! Schön siehst du aus. Aber auch ein wenig müde", sagte er, als er ihr eine Haarsträhne aus dem Gesicht strich.

„Ich erzähle es dir gleich. Ich möchte nur erst ins Bad, und riecht es hier nach etwas Essbarem?"
„Wir haben dir Wiener Würstchen mit Kartoffelsalat übrig gelassen." Robin nickte bejahend, hob die Arme hoch und wollte offensichtlich hochgenommen werden. Sarah tat ihm den Gefallen. „Dann komm mit, und wir leisten Rainer Gesellschaft, während er isst, und anschließend bringe ich dich ins Bett." Prompt erfolgte anstelle eines Nein ein ausgiebiges Kopfschütteln. „Dass ihm dabei nicht schwindelig wird …", wunderte sich Sarah, „aber Kinder haben offensichtlich ein wesentlich belastbareres Gleichgewichtssystem als Erwachsene."

Als Sarah mit Robin auf der Hüfte die Wiener Würstchen ins heiße Wasser legte, begann Rainer: „Nun zu deiner Frage. Rechtsanwältin Bärenreuther hat mir mitgeteilt, dass meine Ex Elvira nicht so einfach unseren Vertrag abändern kann. Bei Umgangsvereinbarungen geht es nicht nach dem Willen der beiden Elternteile, sondern in erster Linie um das Wohl der Kinder und wir gehen davon aus, dass es nicht dem Wohl der Kinder entspricht, wenn sie in Wochen, die sie eigentlich bei der Mutter zu verbringen hätten, dann jeweils abrupt am Samstag beim Vater abgegeben würden. Nur um dann am späten Samstagabend von ihrer Mutter wieder abgeholt zu werden."
„Sofern Elvira die Kinder überhaupt abholen würde. Nach unseren bisherigen Erfahrungen gehe ich davon aus, dass du sie zu ihr bringen müsstest."
„Ganz abgesehen davon, was hältst du von der Argumentation?"

„Sie leuchtet mir ein. Hat Kerstin einen entsprechenden Brief aufgesetzt oder müsst ihr euch jetzt wieder zu einem Vierergespräch treffen?"
„Nein, sie hofft, dass sich das schriftlich erledigen lässt. Falls nicht, müssten wir uns wieder treffen."
„Ich hoffe, dass das funktioniert. Die Gespräche haben dich immer ziemlich mitgenommen."
„Das hoffe ich auch. Und jetzt habe ich Hunger!", erklärte Rainer und schnitt eine Wurst auf. „Möchtest du auch noch ein Stück, kleiner Mann?"
Robin, der inzwischen in seinem Kinderstühlchen saß, sah ihn begeistert an.
„Na dann", sagte Sarah, und band ihm schnell ein Lätzchen um.

10. Kapitel

Als Helen am frühen Abend nach Hause kam, konnte sie die Eingangstür gerade so weit öffnen, dass sie durchschlüpfen konnte, um anschließend festzustellen, dass die gesamte Diele mit Kinderwagen, Kinderwagenhochstuhl, Babywippe und Teilen eines Stubenwagens vollgestellt war.
„Was ist denn hier los?", rief sie, als sie sich nach einem Platz umsah, um ihre Straßenschuhe abzulegen. Stefan kam grinsend aus dem Wohnzimmer auf sie zu und küsste sie zärtlich. „Das habe ich alles schon mal für unseren Kleinen besorgt", erklärte er strahlend. „Du siehst, ich werde ein fürsorglicher Vater sein. An alles ist gedacht. Nur die Babybadewanne konnte meine Schwester noch nicht lockermachen, sie hat sie im Keller gerade mit Anzuchterde gefüllt, aber sobald sie die Setzlinge im Freien hat, können wir die auch haben."
Helen warf einen Blick auf die Gegenstände. „Aber das ist doch alles ganz alt. Schau mal, der Kinderstuhl ist ganz zerkratzt, und der Kinderwagen kommt mir auch ziemlich ramponiert vor."
„Meine Schwester hat ja drei Kinder großgezogen. Aber sie hat mir versichert, die Sachen seien noch gut. Sie wollte sie gerade im Internet verkaufen, aber als ich ihr die neueste Neuigkeit kundgetan habe, hat sie uns natürlich alles geschenkt. Und ich soll dir herzliche Glückwünsche ausrichten und alles Gute für die Schwangerschaft."
Helen merkte, dass sich ein Konflikt anbahnte. Grundsätzlich war Stefan der Genügsamere von ihnen beiden. Er lebte in einer bescheidenen Mietwohnung,

die er nach dem Auszug seiner früheren Ehefrau behalten hatte, wohingegen Helen mit ihrer Vierzimmerwohnung im besten Viertel Schwabings Freude an Genuss hatte und sich manchen Luxus gönnte. Aus Erfahrung wusste sie, dass es wenig Sinn machen würde, die Angelegenheit gleich jetzt zu besprechen. Hier war weibliche List gefragt. Sie überlegte daher, dass ihr das Wichtigste war, die ramponierten Gegenstände möglichst schnell aus den Augen zu bekommen, umarmte Stefan daher innig und strahlte ihn an, während sie zu ihm sagte: „Herzlichen Dank! Aber da es nun doch noch einige Monate dauert, bis unser Kind das alles benötigt, schlage ich vor, dass wir die Sachen zunächst im Keller unterbringen." Und fügte in Gedanken hinzu: „Sofern das ganze Zeug dort überhaupt noch Platz hat. Aber das soll Stefans Problem sein."

„Klar, mache ich. Ich wollte nur, dass du alles bei Tageslicht sehen kannst."

„Soll ich dir helfen?"

„Auf keinen Fall! Leg schon mal die Füße hoch. Ich habe mir gerade ein Bier aufgemacht. Meine Schwester hat dir auch noch eine Packung Stilltee mitgegeben. Vielleicht möchtest du einen trinken?"

„Na ja", murmelte Helen unverbindlich, während Stefan bereits den Kinderwagen ins Treppenhaus wuchtete. „Das mit dem Stillen hat wohl noch ein wenig Zeit." Vermutlich war der Tee längst vertrocknet. Das jüngste Kind von Stefans Schwester war ihrer Schätzung nach mindestens drei Jahre alt. Helen nahm sich vor, diesen Tee bei nächster Gelegenheit zu entsorgen, und gönnte sich erst mal eine Apfelschorle. Sie spähte auf ihren meist sonnigen Südbalkon. Leider war es heute zum Draußensitzen zu

kalt, sodass sie es sich mit ihrem Getränk auf der Couch bequem gemacht hatte, als Stefan zu ihr kam.
„Hast du es geschafft, alles unterzubringen?"
„Dein Keller ist jetzt ganz schön voll, aber bald können wir die Sachen verwenden. – Wie war heute dein Essen im Bayerischen Hof?"
„Schön und sehr edel!"
„Hat der Koch nicht einige Sterne?"
„Eine ganze Menge sogar! Die Gerichte sind Kunstwerke. Leider durfte ich einiges nicht genießen, zum Beispiel Roastbeef und etwas mit Rohmilchkäse, das soll man als Schwangere nicht essen. Aber wir haben leckeren Zander genossen, und zuvor grünen Spargel, und dann eine fantastische Nachspeisenkreation mit Beeren, und zum Schluss bekamen wir noch selbstgemachte Pralinen geschenkt. Den Espresso habe ich mir auch verkniffen. Du siehst, eine Schwangerschaft hat nicht nur Vorteile."
„Das behauptet auch niemand. Ohne viel Bier zu trinken, bekommt man einen dicken Bauch."
„Und schwere Brüste."
„Die finde ich nicht nachteilig."
„Kommt darauf an, ob man damit durch die Gegend laufen muss oder daran herumspielen kann …"
Stefan lachte. „Jedenfalls habt ihr alles genossen."
„Und ich habe für Schwangerschaft und Geburt jede Menge Tipps bekommen."
„Was denn zum Beispiel?"
„Unbedingt den Mann mit zur Geburt mitnehmen."
„Geht klar. Ich will dabei sein."
„Vorher noch möglichst oft ins Kino gehen, lesen und ausschlafen, weil man, sobald das Baby da ist, wohl zu all dem eine Zeit lang nicht mehr kommt."

„Macht nichts", meinte Stefan und nahm genüsslich einen Schluck Bier. „Sonst noch was?"
„Ja, man soll auf alle Fälle weniger arbeiten."
„Das halte ich für eine ausgezeichnete Idee! Besonders in deinem Fall."
„Wir haben gleich zu dritt und einmütig beschlossen, dass wir in den nächsten Monaten einen Annahmestopp für neue Mandanten machen. Zumindest für Mandate, die mich betreffen."
„Das ist vernünftig! Sonst noch was?"
Helen gähnte. „Ehrlich gesagt, ich kann mich nicht mehr genau erinnern. Ich bin müde und würde am liebsten eine Runde schlafen."
„Auch vernünftig", meinte Stefan, ging zu und deckte sie mit einer Decke zu. „Ich trinke jetzt noch in Ruhe mein Bier aus, dann fahre ich nach Hause."
„Nein! Auf keinen Fall!", protestierte Helen: „Jetzt fällt es mir wieder ein: Ganz wichtig ist, dass der werdende Vater der werdenden Mutter beisteht und sich um sie kümmert."
„Gefällt mir. Dann rutsch ein Stückchen, auch wenn's eng wird, ich lege mich dazu."
„Sehr schön", freute sich Helen, „genau so habe ich mir das vorgestellt", während Stefan die Arme um sie schlang und versuchte, neben ihr so Platz zu finden, dass er nicht von der Couch herunterfallen konnte.

11. Kapitel

Zwei Wochen später war Kerstin nervös, denn ihre erste Mediationssitzung mit dem Ehepaar Meyerhofer stand bevor. Als Anwältin war sie aufgrund jahrelanger Tätigkeit routiniert, als Mediatorin Anfängerin, und davon sollte das Ehepaar, das in den nächsten Minuten bei ihr eintreffen würde, nach Möglichkeit nichts merken. Kerstin dachte an die vielen Rollenspiele mit ihren Kolleginnen während der Mediationsausbildung, bei denen sie oft nicht weitergewusst und ihre Trainer zu Hilfe geholt hatten.
„Hoffentlich passiert mir das heute nicht", grübelte sie und versuchte, sich durch tiefes Atmen zu beruhigen.
Nach ihrem Telefonat mit dem Kollegen Gulden, der sie dem Ehepaar als Mediatorin empfohlen hatte, war noch eine Woche vergangen, bis der Ehemann sich bei ihr gemeldet hatte. Kerstin war klar, dass sie Herrn Meyerhofer vermutlich von den Vorteilen einer Mediation erst überzeugen musste, denn meist wollte ein Ehepartner es mit dieser Methode versuchen, der andere aber war von dieser Idee nicht überzeugt.
„Immerhin ist es ein gutes Zeichen, dass der Ehemann anruft", hatte Kerstin überlegt, „ich werde mein Bestes geben." So hatte sie sich am Telefon freundlich mit „Rechtsanwältin Bärenreuther, was kann ich für Sie tun?" gemeldet.
„Mein Name ist Meyerhofer, und meine Frau hat gesagt, ich soll mich bei Ihnen wegen einer Mediation melden."
„Guten Tag, Herr Meyerhofer! Ich freue mich, dass Sie anrufen. Der Anwalt Ihrer Ehefrau, Herr Gulden, hat mir mitgeteilt, dass Ihre Frau Interesse an einer

Mediation hat, aber zu diesem Verfahren gehören beide Parteien. Wie stehen Sie dazu?"

„Keine Ahnung. Ich weiß nicht, was das ist. Das heißt, ich habe im Internet nachgesehen und weiß, dass der Mediator sich mit uns beiden zusammensetzen würde, aber was dann passiert, keine Ahnung. Ich kann nur hoffen, dass ich den Mediator oder die Mediatorin überzeugen kann, dass das, was meine Frau vorhat, Unsinn ist. Eigentlich ist die gesamte Trennung ein Nonsens."

Herr Meyerhofer klang erschöpft und machte eine kleine Pause, die Kerstin nutzte, um einen Vorschlag zu machen: „Wenn Sie möchten, kann ich Ihnen etwas über die Mediation erzählen, so wie sie bei mir ablaufen würde."

„Bitte."

„Sie haben vollkommen Recht, ich würde mich sowohl mit Ihnen wie auch mit Ihrer Ehefrau an einen Tisch setzen und wir könnten zunächst das Verfahren besprechen. Dann würden Sie mir mitteilen, bei welchen Themen ich Ihnen weiterhelfen kann, ob es ums Geld oder in erster Linie um die Kinder geht, oder um etwas ganz anderes. Anschließend entscheiden Sie, mit welchem Thema Sie beginnen möchten. Wir würden die Fakten zusammentragen und in Ruhe besprechen, was Ihnen wichtig ist, und dann nach Möglichkeiten suchen, um eine Lösung zu finden, die für beide Seiten passt. Das ist nicht immer einfach, man muss kreativ sein. Aber wenn der Wille da ist, sich einvernehmlich zu einigen, gelingt das."

„In unserem Fall bin ich da sehr skeptisch."

„Das ist ganz verständlich, denn offensichtlich sind Sie bei Ihren Gesprächen nicht zu Lösungen gekommen. Deshalb benötigen Sie Unterstützung. – Um eines klarzustellen: Ich würde nicht entscheiden, das heißt, ich habe, anders als ein Gericht, keine Entscheidungsgewalt. Ich helfe Ihnen dabei, die Gespräche so zu führen, dass sie möglichst konstruktiv sind. Deswegen werden anfangs auch Regeln vereinbart. So würde ich Sie zum Beispiel fragen, ob ich bei Beleidigungen oder Unterstellungen unterbrechen darf."

„Das ist gut!", begeisterte sich Herr Meyerhofer. „Das ist ein wesentlicher Punkt! Meine Frau wird schnell beleidigend. Wenn ich mich dann wehre, verlässt sie den Raum und spricht einige Tage nicht mehr mit mir. Das kann man dann nicht mehr als Kommunikation bezeichnen."

„Irgendwie schon", dachte Kerstin, musste grinsen und war froh, dass Herr Meyerhofer sie nicht sehen konnte. Wie sie es gelernt hatte, versuchte sie zu normalisieren und sagte daher: „Das kommt häufig vor, Herr Meyerhofer, viele Menschen reagieren so, wenn sie Bedenken haben, dass ihre Interessen nicht gewahrt oder sie einfach unsicher sind. Ich kann Ihnen versichern", fügte sie, wie sie selbst fand, etwas großspurig hinzu, „dass sich dieses Problem mithilfe eines Mediators oder einer Mediatorin vermindern lässt. Es kann sein, dass Sie auch in meiner Anwesenheit einmal in Streit geraten, aber es ist eben auch meine Aufgabe, dass Sie sich dabei nicht verrennen, sondern wieder zu konstruktivem Arbeiten zurückfinden."

Kerstin schwieg und auch am anderen Ende der Leitung war es still.

„So wie Sie das schildern, ist es vielleicht einen Versuch wert. Ich denke, wir brauchen Unterstützung. Was kostet eine Mediation bei Ihnen?"

Kerstin nannte den Preis für die Sitzungen, erklärte, dass die Anzahl der Sitzungen nicht vorhersehbar sei, aber erfahrungsgemäß zwischen 5 bis 10 läge, und fügte hinzu: „Sollte ich am Ende eine abschließende Vereinbarung für Sie fertigen, würde das eine Vergleichsgebühr kosten. Die Höhe hängt davon ab, was in dieser Vereinbarung geregelt wird. Sie können so eine Vereinbarung auch von Ihren Anwälten aufsetzen lassen. Das ist optional, wir sollten das erst gegen Ende der Mediation besprechen."
„Gibt es denn in absehbarer Zeit bei Ihnen Termine?"
Kerstin hatte daraufhin in ihrem Kalender nachgesehen und ihm zwei Termine genannt. Danach hatte sie sich von Herrn Meyerhofer verabschiedet.
Eine Woche später hatte er Freitag um fünfzehn Uhr als Termin bestätigt.

Es klingelte. Frau Vogt öffnete die Tür. Vor ihr stand eine schlanke Dame im schicken Kostüm, die vermutlich vom Treppensteigen einen hochroten Kopf hatte. „Meyerhofer. Ich habe einen Termin für eine Meditation."
„Mediation", verbesserte Frau Vogt automatisch.
„Ja. Mediation, oder wie das heißt. Mein Mann kommt auch gleich, er sucht nur noch einen Parkplatz."
„Das ist in dieser Gegend nicht ganz einfach. Nehmen Sie doch bitte Platz. Sobald Ihr Mann eingetroffen ist, sage ich der Mediatorin Bescheid. Kann ich Ihnen eine Tasse Kaffee oder ein Glas Wasser bringen?"
„Kaffee und Wasser wären fein", sagte Frau Meyerhofer, die mittlerweile Platz genommen hatte und sich umsah.
„Gerne", sagte Frau Vogt und ging Richtung Kaffeeküche. Sie hatte von Kerstin die Anweisung

erhalten, keinesfalls eine der Parteien allein zu ihr ins Zimmer zu bitten, damit die andere Seite nicht das Gefühl bekam, man habe bereits während ihrer Abwesenheit etwas Wichtiges besprochen. Eine zweite Neuerung war, dass neben Getränken auch Kekse angeboten werden sollten, damit eine angenehme Atmosphäre entstünde. Kerstin hatte bereits am Vortag eine Großpackung davon in die Kanzlei gebracht. Frau Vogt konnte es sich nicht verkneifen, ein Stück davon zu essen, während sie die Getränke für Frau Meyerhofer vorbereitete. Währenddessen rückte Kerstin in ihrem Zimmer die beiden Stühle und das kleine Tischchen, das sie neu angeschafft hatte, so zurecht, dass die Parteien möglichst bequem im gleichen Abstand zu ihr als Mediatorin und nicht zu nah nebeneinander saßen. Auch der Platz für das Flipchart wollte überlegt sein, alle drei anwesenden Personen sollten einen guten Blick darauf haben. Kerstin hatte im Rollenspiel selbst ausprobiert, wie wichtig das sogenannte Setting war. Keine Partei sollte sich benachteiligt fühlen, und auch sie als Mediatorin musste sich wohlfühlen.

Sie setzte sich noch einmal abwechselnd auf die für die Medianten vorgesehenen Plätze, um zu prüfen, ob sie auch genügend Beinfreiheit hätten, rückte das Flipchart noch ein wenig nach links und öffnete noch einmal das Fenster, um den Raum mit frischer Luft zu füllen. Da hörte sie erneut die Klingel und dass Frau Vogt im Gang Herrn Meyerhofer begrüßte. Plötzlich spürte sie, dass die größte Anspannung von ihr abfiel, und als Frau Vogt die Tür öffnete, um ihr mitzuteilen, dass die Parteien jetzt vollständig seien, ging sie in den Flur und begrüßte das Ehepaar.

12. Kapitel

Frau Vogt war ein wenig aufgeregt. Seit zwei Monaten hatte sie ihren Sohn nicht mehr gesehen. Früher hatte Manuel nicht weit entfernt von ihnen in München gewohnt und war an den meisten Wochenenden zum Abendessen vorbeigekommen. Ihr war die Umstellung auf die veränderte Situation nicht leichtgefallen. Sie vermisste ihren Sohn und seine Besuche, bei denen er manchmal Freunde oder eine Freundin mitgebracht hatte. Ihr Mann hingegen fand es gut, dass ihr Sohn flügge wurde, und er hatte auch keine Bedenken wegen dessen neuer Tätigkeit als Investmentbanker in Frankfurt. Frau Vogt hingegen fand die Welt des Großkapitals undurchsichtig und in der Zeitung las man ihrer Ansicht nach häufig von Skandalen oder Firmen, die sich sozial und ökologisch nicht verantwortungsbewusst verhielten und nur am Gewinn interessiert waren.

„So schlimm, wie du dir das vorstellst", hatte ihr Mann sie beschwichtigt, „ist das nicht. Mach dir nicht so viele Gedanken." Aber es war ihm nicht gelungen, sie vollständig zu beruhigen. Heute freute sie sich darauf, ihren Sohn endlich wieder in die Arme schließen zu können. Etwas angespannt war sie lediglich wegen der neuen Freundin, die er mitbringen würde. Sie hatte daher den Abendbrottisch besonders fein gedeckt, es sollte selbst gemachte Fleischpflanzerl und Nudelsalat geben, eines von Manuels Leibgerichten. Als Nachspeise hatte Frau Vogt frische Erdbeeren gekauft. Sie hatte sie klein geschnitten, ein wenig gezuckert und wollte sie, nach Wunsch, mit Sahne oder Vanilleeis servieren. Manuel hatte ihr mitgeteilt, dass sie jetzt doch schon gegen sechzehn Uhr losfahren konnten und davon ausgingen, um zwanzig Uhr bei ihnen anzukommen.

Während die Tagesschau lief, rief Manuel an und erklärte, dass sie kurz vor München in einem Stau stünden, vermutlich verursacht durch einen Unfall. „Mama, ich weiß einfach nicht, wie lange es dauern wird. Falls ihr mit dem Essen auf uns gewartet habt, dann fangt doch schon mal an."

Nachdem sich Frau Vogt mit ihrem Mann die Nachrichten angesehen hatte, bestand ihr Mann darauf, mit dem Essen zu beginnen. „Ich bin hungrig und wer weiß, wann die beiden kommen."

Frau Vogt hätte lieber gewartet, aber Appetit hatte sie auch.

Gerade als sie sich zum zweiten Mal vom Nudelsalat nahm, der ihr, wie sie fand, mit der selbst gemachten Mayonnaise, kleinen Stücken von gekochten Eiern und Gürkchen gut gelungen war, klingelte es. Frau Vogt sprang auf und hätte beinahe das Weißbierglas ihres Mannes umgestoßen.

„Was ist denn mit dir los?", fragte er. „Du bist heute so nervös."

„Ja, ich bin aufgeregt, ich freue mich auf Manuel und seine Freundin. Wie heißt sie? Cornelia? Oder Corinna?"

„Das habe ich vergessen, aber wir werden es gleich erfahren."

Frau Vogt lief zur Tür und kurz darauf konnte sie Manuel und seine Freundin auf dem zweiten Treppenabsatz sehen. „Was schleppt der denn für einen riesigen Koffer?", konnte sie gerade noch denken, als ihr Sohn sie bereits umarmte. „Hallo, Mama", sagte er, „gut siehst du aus!"

Frau Vogt hielt ihren Sohn ein Stück von sich weg.
„Aber du bist ganz blass."
„Ich habe auch viel gearbeitet."
Er drehte sich um. „Darf ich vorstellen? Das ist Corinna."
Eine hübsche junge Dame, die auf High Heels fast so groß wie ihr Sohn war, streckte ihr die Hand entgegen.
„Guten Abend, Frau Vogt, danke für die Einladung."
„Herzlich willkommen, Corinna", sagte Frau Vogt, „kommt doch herein, ihr seid sicher hungrig. Und euren Koffer könnt ihr schon mal in deinem Zimmer abstellen."
„Meine Tasche ist noch im Auto, der ist von Corinna."
„Oh je", dachte Frau Vogt, „wie viel Garderobe benötigt sie für zwei Tage?!"
Laut sagte sie: „Legen Sie doch bitte ab, Corinna", nahm ihre Jacke entgegen und hängte sie ordentlich auf einen Kleiderbügel. „Vermutlich wollt ihr euch erst ein bisschen frisch machen, aber das Essen steht schon bereit."
„Ich habe riesigen Hunger, vor allen Dingen freue ich mich auf deinen Nudelsalat", sagte Manuel, während er zu seinem Vater ging und ihn umarmte. „Ich wasch mir die Hände in der Küche. Wenn du magst, Corinna, kannst du das Bad benutzen."
Frau Vogt zeigte ihr den Weg und auch die extra für sie bereitgelegten Handtücher.
Corinna bedankte sich und verschwand.
„Ich hole mir gleich ein Weißbier."
„Tu das", sagte sein Vater, „du weißt ja, wo alles ist."
Frau Vogt eilte ihrem Sohn in die Küche hinterher.
„Weißt du, was Corinna gerne trinkt? Wir können Bier und Wein anbieten."
„Sie trinkt gerne einen Hugo oder einen Aperol Spritz."

„Oh. Darauf bin ich nicht vorbereitet. Aber einen Sekt können wir aufmachen. Ich habe zur Feier des Tages einen kalt gestellt."

„Ich denke, das könnte passen", sagte Manuel. „Soll ich die Flasche aufmachen?"

„Gerne!"

Inzwischen war Corinna ins Wohnzimmer getreten.

„Wenn ich Ihnen ein paar Hausschuhe anbieten kann …"

„Danke, ich habe alles dabei. Vielleicht packe ich erst einmal meine Kleidung aus, im Koffer verdrückt immer alles so."

„Wenn Sie noch Kleiderbügel brauchen …"

Mit Unbehagen dachte Frau Vogt daran, dass in dem kleinen Zimmer, das Manuel früher als Kinderzimmer gedient hatte, nur ein paar Kleiderhaken zur Verfügung standen und sie in der Kommode, die im Zimmer stand, nur die oberste Schublade freigehalten hatte.

„Es wäre hilfreich, wenn Sie mir zeigen, wo ich meine Sachen einräumen kann."

Frau Vogt folgte Corinna ins Zimmer, zeigte ihr die Schublade und brachte aus ihrem Schlafzimmer noch weitere Kleiderbügel.

„Ich hoffe, Sie kommen damit zurecht."

„Es wird schon gehen", sagte Corinna.

„Wenn Sie möchten, kann ich Ihnen auch dabei helfen."

„Das mache ich lieber selbst. Ich habe da so meine Ordnung", sagte Corinna und lächelte Frau Vogt freundlich an.

„Gut, dann lass ich Sie jetzt allein. Ich hoffe nur, dass unsere Fleischpflanzerl nicht langsam kalt werden."

„Die was?", fragte Corinna.

„Die Frikadellen. Oder Bulletten. Oder wie sagt man in Frankfurt dazu."
„Ich weiß nicht, ob ich so spät noch essen möchte. Ich hoffe, Sie sind mir nicht böse. Ich esse abends meist nur etwas Salat."
Frau Vogt sah Corinna erstaunt an. Erst jetzt fiel ihr auf, wie schlank die junge Frau war, eigentlich schon fast dünn. „Ich habe Nudelsalat gemacht. Ich denke, der wird Ihnen schmecken. Und es gibt einen Sekt."
Zum ersten Mal strahlte Corinna: „Ja, darauf habe ich richtig Lust!"
„Dann kommen Sie doch einfach, wenn Sie fertig sind", sagte Frau Vogt und freute sich darauf, sich neben Manuel zu setzen. Ihr Sohn hatte sich mittlerweile eine große Portion Nudelsalat auf den Teller gehäuft.
„Du musst schon auch noch etwas für Corinna übrig lassen."
„Die isst sowieso nichts außer ein paar Gurken oder Tomaten, die du ihr aufschneiden kannst."
„Aha."
„Warten wir doch einfach erst mal ab, was sie essen möchte", sagte Herr Vogt. „Erzähl doch mal, wie es dir so geht in der Arbeit."
Manuel nahm einen Schluck Weißbier. „Hektisch, stressig, aber interessant. Es ist eine ganz eigene Szene. Viele treffen sich nach der Arbeit und gehen dann noch nachts zusammen weg. Das habe ich ein paar Mal gemacht, aber auf Dauer ist das nicht so mein Fall. Ich habe mir überlegt, ob ich mir nicht einen Fußballverein suche, so zum Ausgleich."
„Das ist sicher eine gute Idee. – Und wie gefällt dir deine Wohnung und das Zusammenleben mit deinem Kollegen?"

„Eigentlich gut. Abgesehen davon, dass keiner von uns Lust hat zu putzen. Es könnte allerdings sein, dass mein Mitbewohner eine Stelle in Hamburg bekommt, und dann wäre das Zimmer frei. Vielleicht würde Corinna dann zu mir ziehen. Dann würde die Wohnung wenigstens geputzt."
„Was ist denn das für eine Machohaltung", fuhr seine Mutter ihn an.
Manuel grinste. „Ich wusste, dass du dich aufregst. Ich meine damit nur, dass das Niveau einer Wohnung meist steigt, wenn man mit einer Frau zusammenwohnt. Pflanzen und so."
„Ich wusste nicht, dass dir so viel an Pflanzen liegt", bemerkte seine Mutter.
„Ich meine nicht nur Pflanzen. Viele Frau geben sich einfach mehr Mühe."
„Du bist alt genug, um das auch selbst zu machen", entgegnete Frau Vogt und wunderte sich, dass ihr der Gedanke, dass Manuel mit Corinna zusammenziehen würde, Unbehagen bereitete.
„Magst du noch die letzten beiden Fleischpflanzerl?", fragte sie ihn. „Wenn du dir sicher bist, dass Corinna sie nicht mag?"
„Da kannst du Gift drauf nehmen! Du kannst sie mir geben", sagte Manuel.
„Sollen wir sie nicht wenigstens mal probieren lassen?", fragte Herr Vogt erstaunt.
„Na gut", meinte Manuel, „eins lasse ich ihr übrig, aber vermutlich bekomme ich das später doch."
„Da könnte er Recht haben", dachte Frau Vogt und fragte sich, ob das gemeinsame Wochenende nicht kompliziert werden würde.

13. Kapitel

Helen war erfreut, als in der Frauenstraße ein Lieferwagen aus seiner Parklücke fuhr und sie dort mit ihrem Cabrio bequem einparken konnte. Von da aus waren es nur noch ein paar Schritte zur Kanzlei, aber sie hatte sich vorgenommen, noch rasch beim Viktualienmarkt vorbeizugehen und sich einen Blumenstrauß zu gönnen. „Gibt es sonst noch was zu feiern?", überlegte sie. Dann fiel ihr ein, dass Kerstin mit ihrer ersten Mediation begonnen hatte. „Ich werde ihr auch ein Sträußchen bringen", entschied sie und griff sich zwei Gebinde, die verschiedenfarbige Tulpen und kleine Weidenkätzchen enthielten.

In der Kanzlei angekommen, ging sie direkt in die Kaffeeküche, um die Blumen ins Wasser zu stellen. Dort traf sie auf Kerstin und Frau Vogt, die sie offensichtlich bei einer längeren Ausführung unterbrach.

„Guten Tag, Frau Binz", begrüßte sie Frau Vogt.

„Hallo, Helen", erklärte Kerstin, „wir unterhalten uns gerade über die neue Freundin von Markus, dem Sohn von Frau Vogt."

„Und? Wie ist sie so?", erkundigte sich Helen nur der Höflichkeit halber, während sie zwei Vasen aus dem Schrank fischte.

„Ein bisschen speziell", antwortete Kerstin.

„Das ist sehr freundlich ausgedrückt", stimmte Frau Vogt zu. „Die junge Frau isst kaum etwas, zieht sich mindestens zweimal am Tag um und ist daher nur für das Wochenende bei uns mit einem großen Koffer angereist."

„Wie unpraktisch", fand Helen.

„Gibt es denn auch gute Seiten?", fragte Kerstin, durch die Mediationsausbildung geschult, insbesondere auf das Positive zu achten.

„Nun", musste Frau Vogt zugeben, „sie hat Manuel wohl sehr geholfen. Er kannte kaum jemanden in Frankfurt und ist auch neu im Investmentbanking. Er ist völlig hingerissen von dieser Corinna. Abgesehen davon, dass sie mir etwas untergewichtig vorkommt, sieht sie sehr gut aus."

„Noch sind die beiden nicht verheiratet", versuchte Helen zu trösten.

„Um Himmels Willen! Wenn man ihr bei sämtlichen Familienfeiern immer nur einen Teller Rohkost und ein paar Gläser Sekt hinstellen stellen könnte, würde es mir das Beisammensein verderben."

„Immerhin ist diese Corinna dem Alkohol zugetan und man kann mit Flüssigem mit ihr feiern", fand Helen.

„Jetzt will ich Sie nicht weiter mit meinen Geschichten aufhalten", entschied Frau Vogt. „Für wen sind denn diese wunderschönen Tulpen?"

„Einmal für mich", erklärte Helen selbstbewusst, „die Schwangerschaft soll weiterhin gefeiert werden, und einmal für dich, Kerstin, weil du deine erste Mediation begonnen hast." Während sie ihr die Vase in die Hand drückte, fragte sie: „Wie ist es gelaufen?"

Kerstin grinste erfreut. „Herzlichen Dank! Und die erste Sitzung lief ziemlich gut. Das Ehepaar Meyerhofer hat sich jetzt für eine Mediation entschieden, den Mediationsvertrag unterschrieben, und wir haben bereits eine Themensammlung gemacht. Nächstes Mal geht es weiter mit der Frage ‚Wer wohnt wo?'."

„Die beiden schienen mir auch viel entspannter, als sie die Kanzlei verlassen haben", ergänzte Frau Vogt.

„Herr Meyerhofer hat seiner Frau sogar in den Mantel geholfen."
„Bravo! Wenn das kein gutes Zeichen ist!", lobte Helen. „Ich werde mich jetzt in die Arbeit stürzen."
„Die Akten liegen bereits auf Ihrem Tisch."
„Vielen Dank, Frau Vogt. Wie immer läuft dank Ihrer Umsicht hier alles bestens."
Plötzlich bekam Helen ein schlechtes Gewissen. „Ich hätte Ihnen auch Blumen mitbringen sollen."
„Nein", beeilte sich Frau Vogt zu sagen. „Die am Eingang sind noch wunderbar. Ich habe Lilien gekauft, die halten ewig."
„Dann ist alles in Ordnung", beruhigte sich Helen und machte sich auf den Weg zu ihrem Zimmer.
„Machen Sie sich nicht zu viele Gedanken", versuchte Kerstin, Frau Vogt zu beruhigen. „So wie Sie es schildern, passt diese Corinna einfach nicht gut in Ihre Familie. Das wird Ihr Sohn schon noch merken."
„Das kann man nur hoffen", seufzte Frau Vogt, nahm ihre Kaffeetasse und ging ebenfalls zu ihrem Arbeitsplatz.
Kerstin wollte sich noch ein oder zwei Cookies aus dem oberen Schrankfach nehmen. „Gar nicht so einfach mit den neuen Partnern, die in die Familie kommen", überlegte sie. „Hoffentlich schleppt Lisa nicht einen Freund an, mit dem wir nicht zurechtkommen." Mit leichter Sorge dachte sie daran, dass sich ihre sechzehnjährige Tochter jetzt fast jeden Tag mit ihrer Clique traf, von der Kerstin zwar drei ihrer Freundinnen, aber die vermutlich zahlreich anwesenden Jungs überhaupt nicht kannte. Im Grunde vertraute sie ihrer Tochter, aber ganz sicher konnte man wohl nie sein, dass im Leben der eigenen Kinder alles gut lief.

14. Kapitel

Als Frau Vogt an diesem Abend mit der S-Bahn nach Hause fuhr, fiel ihr ein, dass ihr Ehemann bei ihrer Ankunft nicht zu Hause sein würde, weil er um diese Zeit die Jugendmannschaft des nahe gelegenen Fußballclubs trainierte. Normalerweise nutzte sie diese Zeit, um im Wohnzimmer eine DVD einzulegen und ihr Zumba-Training zu absolvieren. Sie war, wie sie selbst fand, bei diesem Fitnesstanz immer geschickter geworden und es machte ihr Freude, sich nach schnellen lauten Rhythmen zu bewegen. Auch die Choreografie beherrschte sie inzwischen perfekt. Allerdings spürte sie, dass sie heute müde war, die Anspannung vom Wochenende steckte ihr noch in den Knochen. „Ich werde heute das Training ausfallen lassen, außerdem muss ich noch das Gästebett abziehen und Handtücher und Bettwäsche waschen." Eine Arbeit, die ihr Mann sicherlich nicht erledigt hatte. Herbert hatte zwar, seitdem er in Rente war, das Einkaufen und Kochen nahezu vollständig übernommen, aber beim Wäschewaschen hatte er keine große Begabung gezeigt, sodass Frau Vogt klargestellt hatte, dass sie dies weiterhin übernehmen würde, weil sie ansonsten – das hatte sie allerdings nicht laut gesagt – jede Woche mindestens mit einem verfärbten Wäschestück und vielen merkwürdig verkrumpelten Wäscheteilen beim Bügeln zu kämpfen hätte.

Zu Hause angelangt, entledigte sie sich schnell ihrer hohen Schuhe, die sie aufgrund ihrer geringen Körpergröße von unter einem Meter fünfzig trug – das genaue Maß kannten nur sie und ihr Hausarzt –, und schlüpfte in ihre bequemen Hausschuhe. Zunächst erledigte sie die Aufgaben, die sie sich vorgenommen hatte, mischte sich anschließend in der Küche eine Rhabarberschorle und legte sich, weil es auf dem Balkon inzwischen zu kühl geworden war, auf das Sofa im Wohnzimmer. Sie wollte gerade die Augen schließen, als ihr ein kleiner Zettel auf dem Wohnzimmertisch auffiel, der an der Blumenvase mit Tulpen lehnte. Frau Vogt wurde neugierig, setzte sich daher erneut auf, nahm den Zettel, hielt ihn, weil sie ihre Lesebrille nicht aufhatte, eine Armlänge von sich weg und las:

Ich habe eine Überraschung für dich. Du wirst staunen. Bis später!
Herbert

Frau Vogt las den Zettel zwei Mal, legte ihn dann an seinen Platz zurück und machte es sich wieder bequem. „Da bin ich gespannt", dachte sie. Sie konnte sich gar nicht erinnern, wann Herbert ihr zum letzten Mal eine solche Botschaft hatte zukommen lassen. Zu Beginn ihrer Ehe hatten sie sich, wie vermutlich andere Liebespaare auch, ständig kleine Nachrichten hinterlassen mit *„Freue mich auf heute Abend"* oder *„Ich kann es nicht erwarten, dich wiederzusehen"* oder *„Vergiss mich bloß nicht"* und andere Albernheiten, aber diese Praxis war so um die Zeit, als Manuel das Laufen lernte und seine Eltern intensiv beschäftigte, abhandengekommen.
„Dann kann ich mich auf etwas freuen", dachte Frau Vogt, schloss die Augen und schlief sofort ein.

Sie erwachte erst wieder, als Herbert bereits die Wohnungstür schloss. Kurz darauf trat er zu ihr ins Zimmer. „Du liegst ja im Dunkeln!"
„Ich bin eingeschlafen, anscheinend immer noch mitgenommen vom Wochenende."
„So schlimm war es auch wieder nicht."
„Wenn ich nur daran denke, wie diese Corinna im Hofbräuhaus ein Glas Sekt getrunken hat!"
„Immerhin haben sie da sowas. Wir Bayern sind eben flexibel. Es gibt nicht überall nur Maßkrüge."
„Aber es ist doch dämlich, wenn ich schon mal in Bayern bin und das gute Bier trinken kann …"
„Ist halt nicht jedermanns Geschmack. Grete, diese Diskussion führt doch zu nichts. Hauptsache, unser Manuel ist glücklich mit seiner Corinna."
„Jetzt vielleicht", dachte Frau Vogt, „aber auf Dauer mit einer Frau, die so speziell ist, …" Ihr wurde bewusst, dass sie das Thema langsam loslassen sollte, weil weder diese Diskussion noch weiteres Nachdenken zu irgendetwas führen würden.
Gerade als sie sich aufrichtete und sich bemühte, ihr Haar zu ordnen, setzte sich Herbert auf den Sessel gegenüber. „Hast du meine Nachricht gelesen?"
„Habe ich!"
„Soll ich dir die Neuigkeit vor oder nach dem Essen verkünden?"
Frau Vogt bemerkte plötzlich, wie hungrig sie war, aber ihre Neugier siegte. „Vor dem Essen", antwortete sie.
„Gut", erklärte Herr Vogt, ging zu einer Schreibtischschublade und holte ein größeres Kuvert raus.
„Weißt du, was das ist?"
„Ein Kuvert."
„Ich meine, was dieses Kuvert enthalten könnte?"

Frau Vogt stutzte einen Moment: „Was ist denn das für eine Frage! Alles Erdenkliche natürlich, von einem Steuerbescheid bis hin zu einer Einladung zu einer Hochzeit. Du wirst mich doch nicht stundenlang raten lassen!"
„Nein", antwortete Herbert, „ich sage es dir jetzt". Er machte noch einmal eine kunstvolle Pause und sah seine Frau mit zufriedener Miene an. Frau Vogt wartete.
„Weißt du", sagte sie schließlich, „ich habe wirklich Hunger, könntest du dich endlich mal äußern?"
„Dann will ich mal nicht so sein. Dieses Kuvert enthält die Mitteilung, dass wir beide eine Reise in die Karibik gewonnen haben."
„Nein!"
„Doch!"
„Zeig her!"
Frau Vogt hielt sich das bunte Schreiben, auf dem ein riesiges Kreuzfahrtschiff abgebildet war, vor die Nase, konnte aber mangels Brille den Text nicht richtig entziffern.
Ihr Mann sagte daher: „Grete, ich schlage vor, dass du das nachher alles in Ruhe durchsiehst. Ich sag dir nur: Wir fliegen im Juni nach New York und reisen von dort mit dem Schiff in die Karibik und lassen es uns gutgehen!"
„Unglaublich", sagte Frau Vogt, „ich hätte nie gedacht, dass man sowas gewinnen kann."
„Ich finde, wir haben uns das verdient. Wir haben immer sehr vernünftig gelebt und gespart, und jetzt gibt es mal ein bisschen Luxus für uns."
Frau Vogt stand auf und gab ihrem Mann einen Kuss. „Da hast du recht. Das muss gefeiert werden! Ich mache sofort eine Flasche Sekt auf!"

„Du weißt doch, dass ich lieber ein Bier trinke."
„Ist auch ok, dann bleibt mehr für mich", erklärte Frau Vogt und nahm wahr, dass sie nicht mehr müde und erschöpft war. Sie hatte alle Energie der Welt und freute sich sehr.

15. Kapitel

Helen hatte sich bereits beim Aufwachen auf den Ausflug mit ihrer Nichte Sarah und dem kleinen Robin gefreut. Sie wollten in den Münchner Osten zu einem Fachgeschäft für Babybedarf fahren. Zuvor wollte Helen noch Sarahs Rat hinsichtlich des, wie sie es nannte, Gerümpels von Stefans Schwester einholen. „Bevor du alles wegwirfst", hatte Sarah ihr geraten, „sollten wir es uns ansehen. Vielleicht kannst du die Sachen auch bei der Halle 2 abgeben, der Gebrauchtwarensammelstelle der Stadt, die gut erhaltene Gebrauchsgegenstände entgegennimmt, um sie dann kostengünstig weiterzuverkaufen."
Helen war daran gelegen, die Sachen so schnell wie möglich aus ihrem Keller zu bekommen, der, wie sie fand, unnötig zugemüllt war. Als Sarah gegen 11 Uhr bei ihr klingelte, lief sie ihr daher gleich mit dem Kellerschlüssel entgegen. Im ersten Stock trafen alle zusammen und Helen freute sich, dass Robin gleich die Arme nach ihr ausstreckte. „Elen! Elen!", rief er begeistert. Helen drückte ihn an sich und schnupperte an ihm. „Er riecht wunderbar!", sagte sie, während sie gleichzeitig mit der anderen Hand Sarah umarmte.
„Nicht immer", entgegnete Sarah lachend, „wir haben nur heute Morgen schon alle gemeinsam geduscht."
„Oh, wie erotisch", grinste Helen.
„Na, wenn Robin dabei ist, ist es nicht sooo erotisch", erklärte Sarah, wobei sie einen Moment lang ein ungutes Gefühl hatte, dass das Bild von ihr und Rainer in der Dusche für Helen vielleicht nach wie vor zu viel war. Auch Helen wollte lieber das Thema wechseln und klimperte zur Ablenkung mit ihrem Kellerschlüssel.

„Guck mal, Robin, ein Schlüssel!" „Süssel!", quietschte Robin begeistert und griff danach.
„Wollen wir gleich in den Keller gucken? Ich hoffe sehr, dass du all diese Dinge für nicht brauchbar erklärst und ich sie schnell entsorgen kann."
„Was willst du eigentlich Stefan erzählen?"
„Ach, da fällt mir schon was ein. Ich denke, Stefans Schwester wollte die Sachen loswerden und hat ihn als Müllabfuhr benutzt."
Im Keller angelangt, besah sich Sarah die Babysachen. Sie wiesen zwar deutliche Gebrauchsspuren auf, waren aber fast alle noch brauchbar. Aber Sarah war klar, dass sie für Helen nicht gut genug waren. Für ihr vielleicht einziges Kind würde sie auch gerne Geld ausgeben. Sarah versuchte es daher möglichst diplomatisch: „Also bis auf die Kinderwippe, deren Plastikschale einen tiefen Riss hat, denke ich, kann alles noch benutzt werden. Ich schlage vor, dass du die Sachen in der Halle 2 abgibst. Es gibt genügend Leute, die froh sind, wenn sie etwas preiswert erwerben können. Wenn du möchtest, kann ich bei der Heimfahrt alles dort abgeben. In deinem Cabrio wirst du den ganzen Kram nicht unterbringen, und Stefan möchtest du wahrscheinlich nicht darum bitten."
„Du hast recht. So deutlich muss ich ihm nicht klarmachen, dass ich die Sachen nicht möchte. Dann laden wir gleich alles in dein Auto ein. Denn so wie ich es verstanden habe, können wir im Geschäft die neuen Sachen heute nur bestellen und dann vermutlich später abholen."
„So kenne ich es auch. Du kannst dir auch alles liefern lassen. In dem Geschäft wird außer Kleinteilen kaum etwas vorrätig sein, das wir gleich mitnehmen können."
„Außer Kinderkleidung vielleicht."

„Du weißt ja noch gar nicht, ob es ein Junge oder ein Mädchen wird."
„Stimmt. – Stefan und ich können uns einfach nicht entscheiden, ob wir es wissen möchten oder nicht."
„Das ist doch schön, so ein Geheimnis. Dann solltest du mit der Kleidung noch ein bisschen warten."
„Gibt es nicht etwas neutralere Babysachen?"
„Wir werden sehen", sagte Sarah, die als zunächst alleinerziehende Mutter keine Ahnung hatte von großen Einkäufen. Sie war damals für alles froh gewesen, was sie auf Flohmärkten erworben oder von ihrer Mutter, Helen, Freundinnen und Kollegen geschenkt bekommen hatte.
„Eins möchte ich allerdings klarstellen: Du trägst gar nichts hoch, sondern gehst vielleicht so lange mit Robin in die Wohnung."
Robin, der aufmerksam zugehört hatte, sah Helen an und erklärte: „Gagao."
„Aha, du möchtest Kakao, gute Idee", antwortete Helen, „dann fangen wir schon mal mit dem Erdbeerkuchen an, den ich gekauft habe. Aber ein kleines Teil nehme ich mit." Sie ergriff den Korb des Stubenwagens, den sie bis zur Haustür trug. Anschließend stieg sie nur noch mit Robin an der Hand die Stockwerke bis zu ihrer Wohnung hinauf.
Circa zwanzig Minuten später klingelte Sarah an der Wohnungstür. „Puh", erklärte sie Helen, nachdem diese ihr die Tür geöffnet hatte, „ich habe überhaupt keine Kondition mehr und bin richtig verschwitzt. Ich würde mich bei dir im Bad gerne frischmachen."
„Gerne! Du kennst dich doch aus!", rief Helen und eilte wieder zu Robin in die Küche, der die Zwischenzeit gut genutzt hatte, um einmal mit der flachen Hand auf den restlichen Erdbeerkuchen zu patschen, was dazu

geführt hatte, dass die Umgebung seines Hochstühlchens mit – wie er fand – wunderbaren roten Spritzern übersät war.

„Robin, du bist ein Lauser und ein kleines Schweinchen", erklärte Helen, während sie zu seinem Bedauern mit einem feuchten Lappen versuchte, möglichst alles Rote zu beseitigen. „Weinchen", erklärte Robin zufrieden und grinste.

„Hast du auch noch ein Stückchen für mich?", fragte Sarah, als sie in die Küche kam.

„Aber natürlich, und ein Gläschen Prosecco auch, wenn du möchtest."

„Lieber ein Wasser oder eine Schorle", erklärte Sarah, „ich muss doch fahren. Wir nehmen unser Auto, dann müssen wir den Kindersitz nicht ummontieren."

„Gut, wenn du meinst. Ich darf auch keinen Prosecco trinken, und du auch nicht", erklärte sie Robin. Der war damit einverstanden und sagte: „Nein nein nein nein" und wackelte mit seinem Kopf so intensiv hin und her, dass beide Frauen gleichzeitig dachten: „Dass es ihm dabei nicht schwindelig wird ...?!". Sie sprachen es aber nicht mehr aus, weil sie genau das schon oft gesagt hatten.

Nachdem Sarah gegessen hatte, machten sich alle drei auf den Weg und kamen erstaunlicherweise ohne großen Stau beim Kinderfachgeschäft an. Dort ließ sich Helen ausführlich beraten, während Sarah mit ihrem Sohn in einer Spielecke saß, in der er begeistert zunächst gefühlte hundert Mal auf einer Elefantenrutsche heruntersauste und anschließend begeistert eine kleine Eisenbahn auf einem Spielteppich fahren ließ. Irgendwann wurde es Robin langweilig und Sarah ging mit ihm vor das Geschäft, wo sich eine kleine Wippe und eine etwas größere Rutsche befanden. Nachdem Robin auch diese Möglichkeiten ausgiebig erprobt hatte, hoffte Sarah inständig, dass ihre Tante sich in absehbarer Zeit zu einem Kaufabschluss durchringen würde. Gerade als sie Robin an die Hand nehmen und wieder das Geschäft betreten wollte, kam Helen dazu und setzte sich ebenfalls auf die Bank neben der Kinderwippe. „Ich bin ganz fertig. Mir schwirrt der Kopf von diesen vielen Modellen. Aber ich habe es geschafft. Ich habe ein kleines Kinderbettchen bestellt, das man aufklappen und neben mein Bett stellen kann, dann einen Stuben- und einen Kinderwagen mit höhenverstellbaren Griffen, sehr wichtig für mich und Stefan, weil wir beide so groß sind, und eine Schale, die man auch in das Auto montieren kann, und einen Wickeltisch. Den könnten wir jetzt schon mitnehmen."

„Aber dann steht er auch die ganze Zeit nur bei dir herum. Nachdem du dir die anderen Sachen liefern lässt, wäre es doch besser, du bekommst alles auf einmal."

„Stimmt", sagte Helen. „Ehrlich gesagt zieht es hier unangenehm." Sie fasste knapp unter ihren Bauch.

„Was?", sagte Sarah erschrocken.

„Ja, so wie Bauchgrimmen oder so. Vielleicht sollte ich mal eine Toilette aufsuchen."

„Mach das", sagte Sarah und dachte: „Hoffentlich sind das keine Wehen."

Als Helen zehn Minuten später zurückkam, erklärte sie: „Jetzt fühle ich mich besser. Ich glaube, ich habe einfach zu lange in diesem Geschäft herumgestanden. Wir haben vereinbart, dass alles Mitte August, ungefähr einen Monat vor dem Geburtstermin, geliefert wird."

„Super!", erklärte Sarah, „dann können wir zurückfahren." Eigentlich hatte Helen ihre Beratung gar nicht gebraucht. Aber egal. Es machte Spaß, gemeinsam einen Ausflug zu machen.

„Darf ich euch zum Essen einladen?", erkundigte sich Helen.

„Ja!", rief Robin und nickte zur Bekräftigung.

„Wollen wir zum Aumeister fahren?"

„Gute Idee! Dort können wir draußen sitzen und es gibt einen Spielplatz."

„Dann nichts wie los", erklärte Sarah. Sie freute sich auf diese im Wald gelegene Wirtschaft, in die sie früher oft einen Ausflug mit dem Fahrrad unternommen hatte.

Dort angekommen, setzten sie sich in den Bereich, in dem man bedient wurde, und bestellten sich als Erstes eine Rhabarberschorle, ein Spezi, eine große Breze und einen Rettichsalat, ein paar Fleischpflanzerl und Pommes für Robin. Sie freuten sich darüber, dass es jetzt am Nachmittag richtig warm geworden war und sie ohne Jacken im Halbschatten unter den Kastanienbäumen sitzen konnten.

„Was für ein schöner Tag!", sagte Sarah genüsslich, reckte sich der Sonne entgegen und hatte nebenbei einen Blick auf Robin, der mit seinen Pommes wild in dem roten Klecks Ketchup herumrührte.

„Es ist schön, endlich mal wieder im Biergarten zu sitzen."

Auch Helen entspannte sich, lehnte sich zurück und reckte ihren schon deutlich erkennbaren Schwangerschaftsbauch der Sonne entgegen. Plötzlich jedoch zuckte sie zusammen: „Aua", sagte sie laut, „jetzt zieht es wieder so."

„Helen, hast du Bauchweh? Sind das Wehen?"

„Keine Ahnung. Es tut jedenfalls weh und zieht."

„Ich frage mal anders: Kommt dir der Schmerz bekannt vor? Wie bei einer Darmgrippe oder so?"
„Ich bin mir nicht sicher, jetzt hat es auch wieder aufgehört."
„Was hältst du davon, wenn ich dich zu deiner Ärztin fahre?"
„Da ist am Wochenende niemand in der Praxis."
„Gut, dann eben in eine andere gynäkologische Praxis, die am Wochenende offen hat, oder in die Ambulanz einer Frauenklinik."
„Ich gehe in kein Krankenhaus!"
„Du musst doch nicht im Krankenhaus bleiben. Es soll nur jemand prüfen, ob du Wehen hast."
„Wie machen die das?", fragte Helen misstrauisch.
„Indem sie dich an einen Wehenschreiber anschließen. Ein Gerät, das aufzeigt, ob man Wehen hat, und wenn du welche hast, dann solltest du ein Medikament bekommen, damit sie wieder aufhören. Denn im fünften oder sechsten Monat sollte man noch keine Wehen haben!"
„Aha." Helen war nicht vollständig überzeugt. „Jetzt essen wir erst mal auf."
„Das machen wir", stimmte Sarah bei, in der Hoffnung, dass alles wieder gut würde. Nebenbei begann sie zu googlen, welche Praxis am Samstag offen hatte. Sie fand schließlich eine Praxis in der Nähe des Rotkreuzplatzes und teilte Helen das Ergebnis mit.
„Mein Vorschlag ist, dass du dort einmal anrufst, ob sie dich in absehbarer Zeit drannehmen könnten. Und wenn es passt, fahre ich dich hin."
„Wenn du meinst, dann machen wir das so. Du musst aber nicht bei mir bleiben, das wäre für Robin nur langweilig. Nach Hause komme ich dann schon, entweder mit dem Taxi oder Stefan holt mich ab, er

wollte sowieso heute Nachmittag in die Stadt kommen."
„Passt", entschied Sarah, „ich muss mit Robin dann ohnehin mal nach Hause. Er ist mit seinem Mittagsschlaf schon überfällig. Vermutlich schläft er gleich im Auto ein."
Nachdem alles bis auf ein Stück Breze aufgegessen war, Helen die Rechnung bezahlt hatte und alle drei im Auto saßen, schlief Robin ein, kurz nachdem sie losgefahren waren. Damit er nicht vorzeitig aufwachte, war vereinbart worden, dass Sarah nur kurz vor der Arztpraxis halten und dann weiterfahren würde.
Helen bedankte sich bei ihr für ihren Beistand beim Einkaufen und dafür, dass sie die gebrauchten Sachen noch bei der Halle 2 abladen würde. „Die kaputte Wippe bringe ich noch zur Mülldeponie", erklärte Sarah kurz, bevor Helen ausstieg.
„Du bist ein Schatz! Herzlichen Dank!"
„Ich bin froh, wenn ich ein bisschen zurückgeben kann, und drücke dir ganz fest die Daumen, dass es keine Wehen sind, sondern nur eine leichte Magenverstimmung ist."
„Danke. Das kann ich gut gebrauchen", entgegnete Helen, inzwischen ein wenig verzagt, weil sie sich nicht ganz sicher war, ob es sich bei dem Ziehen, das inzwischen erneut begonnen hatte, nicht doch um Wehen handelte.
Während Sarah weiterfuhr, betrat Helen – inzwischen entschlossen – die Arztpraxis. „Nützt ja nichts", dachte sie, „das muss wohl untersucht werden."

16. Kapitel

Als Kerstin am Montagmorgen die Kanzlei betrat, fiel ihr als Erstes der opulente Frühlingsblumenstrauß auf, der auf dem Empfangstresen stand und so umfangreich war, dass sie Frau Vogt dahinter kaum wahrnehmen konnte.
„Guten Morgen, Frau Bärenreuther", schallte es ihr entgegen, noch bevor sie die Sekretärin erreicht hatte.
„Guten Morgen, Frau Vogt! Was für ein toller Blumenstrauß!", entgegnete Kerstin.
„Mir gefällt er auch, und ich habe ihn mir heute gegönnt, weil ich etwas zu feiern habe."
Kerstin erschrak. Hatte sie etwa den Geburtstag, der, wie sie fand, weltbesten Sekretärin vergessen? Aber sie entspannte sich gleich wieder, als ihr einfiel, dass der Geburtstag erst später im Jahr war. Laut sagte sie: „Da bin ich aber gespannt! Was gibt es zu feiern?"
Frau Vogt strahlte Kerstin an und erklärte: „Mein Mann und ich haben eine Reise in die Karibik gewonnen. Drei Wochen lang, mit Flug nach New York, dann die Ostküste der USA entlang, bis in die Karibik."
„Das ist unglaublich. Ich habe noch nie jemanden getroffen, der etwas so Wertvolles gewonnen hat."
„Ich auch nicht. Mein Mann hat wohl seit Jahren immer wieder an Preisausschreiben teilgenommen und jetzt hat es funktioniert."
„Wann soll es losgehen?"
„Im Juni. Vom achten bis zum neunundzwanzigsten. Und diesbezüglich hätte ich noch eine Frage: Gegen einen nicht allzu hohen Aufpreis könnten mein Mann und ich noch zwei weitere Wochen in der Karibik

bleiben, bis das nächste Schiff uns mit zurücknehmen würde. Es kommt mir sehr luxuriös vor, fünf Wochen Urlaub an einem Stück zu nehmen", sagte sie, und als sie das erschrockene Gesicht von Kerstin wahrnahm, füge sie hinzu: „Mein Mann hat nur gemeint, das stünde mir zu, nachdem ich jahrelang doch einiges an Überstunden angehäuft habe. Ich denke, er würde einfach gern einmal etwas mehr Zeit mit mir verbringen."
Kerstin war unsicher. Einerseits würde sie Frau Vogt gerne entgegenkommen, andererseits konnte sie es sich nicht vorstellen, wie die Kanzlei funktionieren sollte, wenn fünf Wochen lang die Unterstützung von Frau Vogt wegfiele. Meistens hatten schon zwei Wochen ausgereicht, um Helen und sie an den Rand der Belastungsgrenze zu bringen, da sie anstelle von Schriftsätzen selbst längere E-Mails an die Kollegen verfassen, Fristen ein- und austragen, Post öffnen, abstempeln und einsortieren und ständig Fristverlängerungen beantragen mussten, damit Schriftsätze bei Gericht später eingereicht werden konnten. Dabei war in dem einen oder anderen Fall schon einmal etwas durcheinandergekommen, ganz abgesehen davon, dass auch der Telefondienst bzw. das Abhören des Anrufbeantworters gemanagt werden mussten.
„Ich kann Ihr Anliegen gut verstehen, Frau Vogt, aber das muss ich erst mit Helen besprechen. Es erscheint mir schwierig, so längere Zeit ohne Ihre Unterstützung zu überstehen. Sie wissen doch, wie hoch der Aktenstapel immer war, den Sie nach Ihrem Urlaub abarbeiten mussten, obwohl Helen und ich uns Mühe gegeben hatten, so viel wie möglich zu erledigen."

„Vielleicht könnte man eine Aushilfe einstellen", schlug Frau Vogt, der das Problem sehr wohl bewusst war, vor.
Kerstin wollte schon entgegnen: „Wo sollen wir denn so schnell jemand Kompetenten bekommen, ganz abgesehen davon, dass es aufwändig ist, jemanden einzuarbeiten", entschied sich aber dann dagegen. Stattdessen antwortete sie: „Ich komme wieder auf Sie zu, Frau Vogt, sobald ich mit Helen gesprochen habe. – Wo ist sie eigentlich?"
Genau in dem Moment klingelte das Telefon. Frau Vogt nahm ab und meldete sich wie immer mit „Kanzlei Binz & Bärenreuther, Frau Vogt am Apparat" und ergänzte nach der Begrüßung gleich darauf zu Kerstin: „Frau Binz ist am Apparat, soll ich sie auf Ihr Zimmer umstellen?"
Kerstin nickte, ging in ihr Zimmer, schloss die Tür hinter sich und nahm dort den Hörer ab.
„Hallo, Helen! Wo steckst du?"
„Leider im Bett, Kerstin. Ich habe keine guten Nachrichten. Ich war gestern mit Sarah unterwegs, habe Wehen bekommen, bin zu einer Gynäkologin gefahren, die mir erklärte, dass das viel zu früh ist. Ich muss jetzt eine Menge Magnesium einnehmen und ständig liegen. Wenn ich Glück habe, beruhigt sich das Ganze wieder. Wenn ich Pech habe, läuft es auf eine Liegeschwangerschaft hinaus. Das bedeutet, dass man sich überwiegend horizontal aufzuhalten hat, bis zur sechsunddreißigsten Schwangerschaftswoche."
„Oh Helen! Das sind keine guten Nachrichten. Wie fühlst du dich jetzt?"
„Ich denke, die Sache hat sich etwas beruhigt. Aber man kann nicht ganz sicher sein. Und insgesamt finde ich das natürlich richtig unangenehm."

„In welcher Schwangerschaftswoche bist du jetzt?"
„In der fünfundzwanzigsten. Wenn ich Pech habe, kann ich elf Wochen zu Hause verbringen."
„Oh nein!", rutschte es Kerstin heraus. „Nicht du auch noch!" Rasch erzählte sie ihr von Frau Vogts Reiseplänen.
„Das geht auf keinen Fall", erklärte Helen, nachdem Kerstin geendet hatte. „Ich kann zwar Telefonate mit Mandanten und einige Diktate übernehmen, aber in nächster Zeit vielleicht keine Termine mehr. Und da stehen noch einige im Kalender, die wirst wohl du wahrnehmen müssen."
„Du weißt, die streitigen Sachen sind nicht mein Ding."
„Keine Sorge", erklärte Helen, „ich werde dich jeweils gut vorbereiten."
Kerstin schwieg. Sie fand es bereits anstrengend genug, sich mit ihrer Ausbildung, dem neuen Fall und den anderen Verfahren, die sie eingeleitet hatte, auseinanderzusetzen.
Beide Frauen schwiegen einen Moment. Schließlich sagte Kerstin: „Ich habe ehrlich gesagt ein schlechtes Gewissen, wenn wir Frau Vogt ihren Wunsch nicht erfüllen. Sie ist immer engagiert und loyal gewesen und möchte sich jetzt einfach zusammen mit ihrem Mann etwas Besonderes gönnen. Meinst du, wir können es uns leisten, eine Aushilfe einzustellen?"
„Das müssten wir. Denn drei Wochen du allein in der Kanzlei kommt mir problematisch vor. Wenn wir jemanden finden, dann gönnen wir Frau Vogt die fünf Wochen. Wenn nicht, dann geht es eben nicht."
„Hättest du Zeit zu recherchieren?"
„Kann ich gerne machen. Ich liege hier sowieso nur dumm rum."

„Keine Sorge! Wir werden dir per E-Mail einiges zukommen lassen."
„Dann muss mir jemand den Laptop vorbeibringen."
„Kein Problem. Das mache ich ", erklärte Kerstin und grinste. „Aber nur, wenn dir das von deiner Ärztin auch erlaubt wird."
„Mir wurde nur erklärt, dass ich sitzen oder liegen soll. Denken und reden werde ich wohl noch dürfen." Und etwas leiser fügte sie hinzu: „Du würdest mir eine Freude machen. Sonst wird es mir langweilig."
„Hast du Essen im Haus?"
„Keine Sorge. Stefan übernimmt das. Ich denke, er hat sich vorgenommen, das Kind und mich zu mästen. Gestern kam er mit frisch gebackenem Leberkäse und Kartoffelsalat an. Davon kann ich heute Mittag noch etwas essen"
„Gut. Dann spreche ich jetzt mit Frau Vogt, und du machst dich an die Recherche und heute Abend bringe ich dir den Laptop vorbei. Das wäre doch gelacht, wenn wir die Kanzlei Binz & Bärenreuther nicht auf einem guten Stand halten können."
„Das sehe ich auch so", stimmte Helen zu.
Dann legten die beiden Frauen auf.

17. Kapitel

Eine Woche später hatten sich alle, wie Frau Vogt fand, einigermaßen mit Helens Abwesenheit arrangiert. Sie selbst war sehr zufrieden, dass sie auf jeden Fall drei Wochen Urlaub für ihre Kreuzfahrt nehmen konnte und Frau Bärenreuther mit ihr vereinbart hatte, dass sie zwei weitere Wochen frei bekäme, sofern rechtzeitig ausreichend Ersatz gefunden würde. Sie war deshalb heute besonders gespannt, denn in einer halben Stunde sollte sich eine neue Interessentin vorstellen.
Frau Binz hatte sie und Frau Bärenreuther gebeten, gut mit der neuen Bewerberin umzugehen, da es außerordentlich schwierig sei, während eines laufenden Ausbildungsjahres eine neue Fachkraft zu bekommen. Fast alle frisch Ausgebildeten hatten bereits eine Anstellung. Frau Binz hatte sich beim Münchener Anwaltverein erkundigt und war in den Fachzeitschriften die Anzeigen durchgegangen. Oft boten sich Sekretärinnen an, aushilfsweise Diktate zu schreiben. Aber diese Frauen hatten meist kleinere Kinder zu Hause und erledigten ihre Arbeit, wenn der Nachwuchs im Kindergarten war oder abends schlief. Helen und Kerstin war klar, dass sie jemanden in der Kanzlei brauchten, der die Mandanten in Empfang nahm, insbesondere dann, wenn Kerstin telefonierte, bei Gericht war oder eine längere Besprechung hatte. Frau Vogt hoffte, dass sich die Kandidatin als geeignet erweisen würde, denn anderenfalls würde ihr Traum von zwei weiteren Wochen auf der Karibikinsel Roatan sich nicht verwirklichen lassen. Sie erschrak daher, als es kurz darauf klingelte und beim Öffnen der Tür eine für ihren Geschmack sehr junge Frau mit wallendem

schwarzem Haar, großen dunkelbraunen Augen und bis auf ein rotes Jäckchen völlig in Schwarz gekleidet, in ziemlich klobigen Stiefeln, vor ihr stand.
„Grüß Gott. Ich bin Margarete Magellani", erklärte sie und streckte Frau Vogt die Hand entgegen. „Sie können mich Meggy nennen. Sind Sie Frau Binz oder Frau Bärenreuther?"
„Weder noch", erklärte Frau Vogt. „Ich bin die Rechtsanwaltsfachangestellte. Mein Name ist Frau Vogt."
„Sehr schön, Frau Vogt", erwiderte Meggy, „vielleicht bin ich ja die Neue. Wir werden sicher gut zusammenarbeiten."
„Es geht nicht um Zusammenarbeit, sondern um eine Urlaubsvertretung."
„Was? Ich denke, Sie haben eine Stelle anzubieten."
„Jetzt kommen Sie erst einmal herein."
Inzwischen war Kerstin neugierig aus ihrem Zimmer auf den Flur getreten und ging Meggy entgegen.
Frau Vogt stellte die beiden einander vor.
„Danke, dass Sie pünktlich sind. So haben wir ausreichend Zeit, uns zu besprechen. Gegen vierzehn Uhr hat sich nämlich noch ein Mandant angemeldet. – Möchten Sie vielleicht einen Tee oder Kaffee?"
„Ein Cappuccino wäre schön, falls Sie so etwas haben."
„Selbstverständlich", sagte Frau Vogt etwas pikiert und ging in die Kaffeeküche, während Kerstin und Meggy in Kerstins Zimmer Platz nahmen.
Nach ein wenig Smalltalk erläuterte Kerstin die derzeitige Situation und Meggy wandte ein, dass sie an einer Urlaubsvertretung, auch für den Fall, dass diese fünf Wochen dauern sollte, nicht interessiert sei.

„Das ist schade", erklärte Kerstin, „denn mir gefallen Ihre Zeugnisse und auch die Referenzen, die Sie von Ihrem letzten Arbeitgeber erhalten haben."
„Ja, in meiner letzten Kanzlei gab es Krach zwischen den beiden Anwälten. Der eine hat sich dann aus Altersgründen gleich zur Ruhe gesetzt, und der andere benötigt nur noch eine Sekretärin, und da hat er natürlich die, die länger da war, behalten. Anderenfalls hätte er ihr – im Gegensatz zu mir – eine ganz erhebliche Abfindung zahlen müssen. Ich glaube, es tat beiden Anwälten leid. Sie müssen wissen, ich habe meine Ausbildung erst vor einem Jahr abgeschlossen und bin mit der neuesten Bürotechnik bestens vertraut: Digitalisierung, auch bei den Diktaten, ist bei mir großgeschrieben. Vieles lässt sich dadurch straffer organisieren. Aber natürlich müssen dabei alle Kanzleimitarbeiter mitmachen."
Kerstin war beeindruckt. Sie hatte von dieser Arbeitsweise schon gehört, aber bisher nicht die Zeit gefunden, sich damit zu befassen. Die Kanzlei hatte auch so immer funktioniert. Es hätte für alle einen erheblichen Aufwand bedeutet, sich umzustellen. Aber natürlich war es nicht von der Hand zu weisen, dass diese Arbeitsweise vermutlich effektiver und schneller war.
„Mit welchen Kosten müssten wir denn rechnen, wenn wir unsere Kanzlei auf digitales Arbeiten umstellen würden?"
„Mehrere tausend Euro. Dafür hätten Sie aber dann ganz erhebliche Einsparungen, auch bei der Arbeitszeit", erklärte Meggy.
Frau Vogt hatte mittlerweile den Cappuccino gebracht und die Worte „digitales Arbeiten" und „Einsparungen" aufgeschnappt und dachte sich: „Das

kann ja heiter werden. Da erlaube ich mir einmal, einen guten Monat in Urlaub zu gehen, und schon wird hier alles umgestellt." Sie war sich plötzlich nicht mehr sicher, ob sie für ihren Zusatzurlaub einen zu hohen Preis zahlen musste. Andererseits dachte sie: „Geredet wird viel, aber die beiden Anwältinnen waren mit meiner Arbeit immer zufrieden. Ich hoffe, dass sich gar nichts ändert."

Kerstin hatte Meggy inzwischen erklärt, dass sie die Angelegenheit zunächst mit ihrer Kollegin besprechen müsse, sich aber freuen würde, wenn Meggy sich grundsätzlich bereit erklären würde, ihre Bewerbung aufrechtzuerhalten. „Wir können dann nach circa fünf Wochen besprechen, wie es vielleicht weitergehen kann. Eventuell braucht Frau Vogt auch weiterhin beim neuen System Unterstützung, wenn wir uns dafür entscheiden sollten."

Auch Meggy fand die Anwältin sympathisch und überlegte, ob sie sich auf die Urlaubsvertretung einlassen sollte. Es könnte ja sein, dass sich Weiteres ergeben würde. Momentan hatte sie sowieso keine Stelle. Allerdings erhielt sie Arbeitslosengeld und es war eigentlich ganz lustig, in der Sommerzeit nicht gleich wieder zu arbeiten, sondern ein paar Wochen Auszeit zu genießen. Aber das Arbeitsamt war ihr auf den Fersen und sie musste sich jede Woche mindestens einmal bewerben. Gute Rechtsanwaltsfachkräfte waren rar und es stand zu befürchten, dass sie demnächst jemand einstellen würde. Vor allen Dingen hatte sie das Gefühl, dass man ihr hier bei eventuellen Neuerungen vermutlich freie Hand ließe. Meggy hatte festgestellt, dass sie richtig Freude daran hatte, eine sinnvolle Struktur in die Kanzleiarbeit zu bringen.

Als Frau Vogt nach einer guten Stunde den neuen Mandanten für Kerstin meldete, entschied sich Meggy spontan dafür, ihre Bewerbung aufrechtzuerhalten, und Frau Bärenreuther sagte ihr zu, sich spätestens am nächsten Nachmittag bei ihr telefonisch oder per E-Mail zu melden. „Wenn alles passt, wäre Ihr Arbeitsbeginn der erste Juni. Würde Ihnen das passen?"

„Aber sicher doch", erklärte Meggy und streckte Kerstin zum Abschluss die Hand entgegen. „Ich lasse Ihnen meine Bewerbungsunterlagen hier, und wenn es nichts werden sollte, gehe ich davon aus, dass Sie mir die Unterlagen zurücksenden."

„Das verspreche ich", erklärte Kerstin, „aber ich habe das Gefühl, dass wir uns bald wiedersehen werden."

18. Kapitel

Helen lag der Länge nach ausgestreckt auf ihrer Couch, mit dem Laptop auf ihren Beinen, abgepolstert durch eine Decke, vor dem stetig runder werdenden Bauch. Sie sah sich die Termine der nächsten Woche in der Kanzlei an und ihr wurde bewusst, dass sie nun bereits drei Wochen zu Hause war. Die Wehen hatten sich zwar weitgehend beruhigt, sobald Helen jedoch aktiver wurde, traten sie wieder auf. Zweimal wöchentlich ging sie zu ihrer Frauenärztin, die ihr nach wie vor kein grünes Licht gab, wieder arbeiten zu gehen. Zunächst hatte Helen sich gegen die Aussicht, den Rest der Schwangerschaft in ihrer Wohnung verbringen zu müssen, gewehrt, inzwischen fand sie jedoch Gefallen daran, von Stefan umsorgt, mit Essen verwöhnt zu werden und die Nachmittage, wie sie zugeben musste, inzwischen faul auf ihrem sonnigen Balkon zu verbringen. Zwar nahm sie nach wie vor Telefonate aus der Kanzlei an, die ihre Mandate betrafen, da jedoch keine neuen Mandanten hinzugekommen waren, wurden die Anrufe mittlerweile weniger. Kerstin hatte sich in einige ihrer kleineren Fälle eingearbeitet, sodass sie auch hier entlastet war. Helen sah, dass in der nächsten Woche der Gerichtstermin in der Sache Neumann anberaumt war, und fand es schade, dass sie nicht fit genug war, um diesen Termin wahrzunehmen. „Diesen Schönheitschirurgen, der angeblich überhaupt nichts verdient, würde ich gerne in die Pfanne hauen", überlegte sie, „es ist eine Frechheit, dass er seine frühere Lebensgefährtin mit den vier und sechs Jahre alten Jungen hängen lässt und keinen Unterhalt für die Kinder bezahlt." Ihrer Erfahrung nach wurde

Ehegattenunterhalt immer ungern gezahlt, die meisten Väter oder Mütter waren aber immerhin bereit, für ihre Kinder zu zahlen. „Ich hoffe, dass Kerstin in dieser Sache hart bleibt und sich bei der Klage auf Auskunft über die Einkünfte des Arztes nicht zu schnell abwimmeln lässt oder gar einen nichtssagenden Vergleich annimmt." Außerdem hoffte sie, dass ihre Mandantin, Frau Neumann, bereits Strafanzeige wegen Unterhaltspflichtverletzung gegen Dr. Frieder eingereicht hatte. Beim letzten Telefonat war ihr die Mandantin recht zögerlich erschienen. „Es ist doch der Vater meiner Kinder. Wenn er dadurch ins Gefängnis käme, würden unsere Kinder doch mitbestraft", hatte sie zu bedenken gegeben.
„Wegen einer einmaligen Unterhaltspflichtverletzung kommt Herr Dr. Frieder sicher nicht ins Gefängnis, auch nicht in Untersuchungshaft. Allerdings kann so eine Strafanzeige Druck aufbauen. Es drohen zumindest eine Geldstrafe und die Auflage, dass er der Unterhaltspflicht für Ihre beiden Kinder nachkommt."
Aber Frau Neumann war nicht überzeugt gewesen.
Helen nahm sich vor, Kerstin anzurufen und nachzufragen, ob ihre Mandantin die Anzeige inzwischen erstattet hatte. Anderenfalls wollte sie vorschlagen, dass die Kanzlei das übernehmen könne, wenn die Bedenken von Frau Neumann zu groß seien. Auf der anderen Seite wollte sie Kerstin nicht zu sehr belasten. Sie wusste aus eigener Erfahrung, dass es anstrengend war, die Kanzlei allein zu führen. Helen war auch dagegen gewesen, Frau Vogt fünf Wochen Urlaub zu gewähren, während die neue Fachkraft eingearbeitet wurde und unter Umständen sogar ein neues System installieren würde. Aber Kerstin hatte so

entschlossen gewirkt, dass sie letztendlich ihr die Entscheidung überlassen hatte.

„Wir haben viel zu lange damit gewartet, uns technisch auf einen neueren Stand zu bringen", hatte Kerstin ihr entgegengehalten. „So wie ich es sehe, brauchen wir das alte Fax gar nicht mehr zu ersetzen. Ab jetzt muss die Korrespondenz mit den Gerichten sowieso online laufen, da werden auch die Kollegen sich umstellen. Alles wird eingescannt und per E-Mail übersandt. Falls ältere Kollegen sich nicht umstellen möchten, sollen sie uns ihre Schreiben per Post senden."

In diesem Punkt musste Helen ihr Recht geben; auch sie hatte sich für die technischen Neuerungen nicht interessiert. Sie war stets glücklich, wenn ihr Laptop samt E-Mails und Textverarbeitungsprogramm reibungslos funktionierte und hatte von sich aus kein Bedürfnis nach Neuerungen. Den Gedanken, dass Kerstin alles zu viel werden könnte und die Kanzlei dann gar nicht mehr funktionieren würde, schob sie beiseite. „Vielleicht haben wir Glück und dieses junge Mädel bringt uns alle auf den neuesten Stand." Wobei sie sich nicht vorstellen konnte, dass eine junge, eben erst ausgebildete Fachkraft bereits einen guten Überblick zum Thema Kanzleiorganisation hatte.

Während sie die sanften Tritte ihres Babys gegen die Bauchdecke spürte und ihren Bauch liebevoll streichelte, erklärte sie: „Hauptsache, du bleibst noch eine Zeit lang in mir und kommst als prächtiges und properes Baby auf die Welt."

Helen stellte den Laptop auf den Couchtisch neben sich und streckte sich genüsslich aus. Bald würde die Sonne ihren Südbalkon ausreichend erwärmt haben, dann konnte sie sich dorthin begeben und den Sommer genießen. „So viel Sonnencreme wie in diesem Jahr habe ich noch nie verbraucht", überlegte sie gerade, als sie hörte, dass der Schlüssel im Schloss umgedreht wurde. Der Gedanke, dass Stefan gleich eintreten würde, zauberte ihr ein Lächeln ins Gesicht.

„Da liegt ja meine Prinzessin und trägt unseren wunderbaren Fußballer aus", erklärte Stefan grinsend, während er sich zu Helen herunterbeugte, um sie zu küssen. Er ärgerte sie gerne damit, dass er sich sicher war, dass sie einen Sohn bekommen würden, weil er mittlerweile herausgefunden hatte, dass Helen die Hoffnung hegte, dass ein blond gelocktes Mädchen auf die Welt kommen würde, das sie dann mit allerlei Kleidchen, Haarspangen und Rüschen ausstatten könnte. „Das mit dem Fußballer werden wir noch sehen", konterte Helen lachend, „noch tritt das Kind recht zart." Stefan legte eine Hand auf ihren Bauch und prompt reagierte das Ungeborene. „Ich finde, das fühlt sich schon kräftig an", sagte er, „für einen Elfmeter reicht es allemal."

Helen versuchte abzulenken, weil sie festgestellt hatte, dass sie das Thema zunächst immer lustig, dann aber die Aussicht, dass sie mit ihrem kleinen Sohn ständig auf dem Fußballplatz sitzen würde, doch nicht so prickelnd fand.

„Ich war gerade bei meiner Schwester und sie hat mir Kartoffelsalat mitgegeben. Dazu werde ich uns ein paar Schnitzel panieren, und als Nachspeise haben wir zwei Stück Apfelkuchen."

„Deine Schwester ist ein Schatz! Ich hoffe, wir haben auch etwas Schlagsahne im Haus."

Stefan sah sie unsicher an.

„Fußballer verbrauchen viele Kalorien", erklärte Helen selbstbewusst.

Daraufhin begab sich Stefan eilig zum Kühlschrank, um nachzusehen.

19. Kapitel

Am Mittwochmorgen stand Kerstin bereits fünf Minuten vor dem Lift im Amtsgericht München, der sie in das Sitzungszimmer im sechsten Stock bringen sollte. Die Sicherheitsschleuse hatte sie dank ihres Anwaltsausweises umgehen können, aber das Warten hier machte sie ungeduldig. Sie wollte sich mit ihrer Mandantin, Frau Neumann, noch einmal kurz besprechen, bevor beide Parteien im Sitzungszimmer des Richters zusammentreffen würden.
„Soll ich die sechs Stockwerke jetzt wirklich zu Fuß gehen?", fragte sie sich gerade und sah sich mit Regenmantel, Schirm und Aktentasche schwitzend oben ankommen, als endlich die Aufzugtür aufging. Ein Mann und eine Frau traten streitend heraus und hätten Kerstin beinahe umgerannt. Sie hörte sie gerade noch sagen: „Also, wenn du die Kinder immer nur noch montags nehmen kannst, dann habe ich überhaupt kein freies Wochenende mehr!" Bei „Wie stellst du dir ..." schlossen sich bereits die Türen und der Lift brachte Kerstin ohne weitere Störung in das gewünschte Stockwerk.
Nachdem es sich im Fall Neumann um Helens Mandat handelte, hatte sie sich gestern ausführlich von ihrer Kollegin instruieren lassen. „Lass dich auf keinen Fall auf einen madigen Vergleich ein. Es geht um Kindesunterhalt für zwei minderjährige Kinder und ich gehe davon aus, dass der Vater, als gut verdienender Facharzt, den Höchstbetrag der Düsseldorfer Tabelle zu zahlen hat, daneben auch sämtlichen Mehrbedarf, zum Beispiel die Montessori-Schule für den jüngeren Buben, der Legastheniker ist und dort endlich gerne in

die Schule geht. Außerdem sind beide Kinder in einem Tennisclub angemeldet und der Jahresbeitrag dafür ist auch nicht gerade preiswert, und sämtlichen Sonderbedarf, also die Klassenfahrten und eventuelle Zuzahlungen zu Zahnspangen und so weiter."

„Helen, ich weiß, was Mehr- und Sonderbedarf sind, aber, wie ich in der Akte gelesen habe, verdient der Vater derzeit nichts."

„Er ist Schönheitschirurg!", hatte ihr Helen empört ins Ohr trompetet. „Du musst erreichen, dass, da er selbstständig ist, die letzten drei Einkommensteuerbescheide derjenigen Jahre zur Berechnung hinzugezogen werden, die mehr als zwei Jahre zurückliegen. Vor einem Jahr haben sich die Parteien getrennt und vermutlich hat sich die ganze Situation schon etwas vorher angekündigt, sodass ich davon ausgehe, dass diesem Dr. Frieder bereits zu diesem Zeitpunkt die Idee kam, seine gut bezahlte Stelle zu kündigen und ab jetzt nichts mehr zu verdienen."

Kerstin hatte ihrer Kollegin versichert, dass sie das Beste versuchen werde. Sie hatte sich von Helen Frau Neumann beschreiben lassen, da sie ihr persönlich in der Kanzlei noch nicht begegnet war. Sie wusste nur, dass die Mandantin fünfunddreißig Jahre alt war. Helen hatte sie ihr als überdurchschnittlich groß, mit langem schwarzem Haar beschrieben.

Endlich im sechsten Stock angekommen, sah sich Kerstin im Vorraum um. Sämtliche Stühle um die beiden großen runden Tische waren entweder mit Aktentaschen, Roben, wartenden Mandanten oder von Kolleginnen und Kollegen besetzt. Als Helen am Fenster eine große Frau stehen sah, ging sie zu ihr und fragte: „Sind Sie Frau Neumann?"

Die Dame drehte sich um und lächelte erfreut: „Ja. Dann sind Sie Frau Bärenreuther. Ich freue mich, dass Sie mich vertreten können, denn meine Anwältin ist krank geworden."
„Das ist doch selbstverständlich. Ich habe gestern länger mit meiner Kollegin über Ihren Fall gesprochen."
Frau Neumann deutete dezent in eine Ecke: „Dort steht der Vater meiner Kinder mit seinem Anwalt. Ich bin gespannt, was er sich diesmal wieder einfallen lässt, um nichts zahlen zu müssen. – Gestern habe ich seinen Vater angerufen und ihm mein Leid geklagt. Ich war auch schon beim Jugendamt, doch dort ist man nur bereit, den Mindestunterhalt zu bezahlen, mit dem ich vermutlich gerade so über die Runden käme, aber ich müsste meinen Jüngsten aus der Montessori-Schule abmelden und die beiden vom Tennisclub. Ich bin Kosmetikerin und kann wegen der Kinder nur Teilzeit arbeiten und verdiene gerade so viel, dass wir mit Wohnung und Essen über die Runden kommen. Ich habe versucht, an seine Gefühle als Großvater zu appellieren, aber diese Frieders verhalten sich alle gleich. Sie sind wohlhabend und geizig. Deswegen hat mich der Vater meiner Kinder auch nicht geheiratet. Ich wäre auch bereit gewesen, einen Ehevertrag zu unterschreiben, aber er hat von Anfang an darauf geschaut, dass er so wenig Verpflichtungen wie möglich eingeht. – Wenn die Kinder bei ihm sind, spielt er den großen Maxen. Dann gehen sie schön zum Essen, in den Zoo, fahren in Erlebnisbäder und sind von ihrem Vater beeindruckt. – Meine Vermutung ist, dass Herr Frieder sich so lange auf die faule Haut legt, bis er diesen Prozess gewonnen hat, und dann steigt er wieder in seine Arbeit ein."

Kerstin wollte gerade entgegnen, dass, falls sich das Einkommen des Vaters erhöhen würde, sich auch der Unterhalt wieder erhöhen würde, als der Richter aus seinem Sitzungszimmer auf den Flur trat und die Sache Neumann gegen Frieder aufrief. Auf dem Weg zum Sitzungszimmer nickte der Anwaltskollege Kerstin kurz zu, alle betraten das Sitzungszimmer, legten ab und setzten sich auf die mit „Antragssteller/in" und „Antragsgegner/in" gekennzeichneten Plätze.

„Zum Aufruf kommt die Sache Neumann gegen Frieder wegen Kindesunterhalt", diktierte der Richter in sein Gerät, dann legte er es beiseite. „Es geht in dieser Sache um Auskunft über Ihr Einkommen, Herr Dr. Frieder, und den Kindesunterhalt für Ihre beiden gemeinsamen minderjährigen Söhne, ihren Elementarunterhalt sowie Mehrbedarf und Sonderbedarf. Streitig ist die Höhe Ihres Einkommens und damit auch des Unterhalts."

„Nicht nur das!", wandte der Gegenanwalt ein. „Ich muss darauf hinweisen, dass mein Mandant derzeit leider kein Einkommen hat. Er ist Arzt, aber seine frühere Praxisgemeinschaft hat sich aufgelöst, weil die gemieteten Räume in der Innenstadt vom Vermieter gekündigt wurden, und bisher hat Herr Frieder keine neuen Räume gefunden."

Kerstin hatte sich vorgenommen, nicht gleich einzuhaken, sondern erst einmal die Meinung des Richters abzuwarten.

„Es erscheint mir höchst unwahrscheinlich", sagte der Richter, „dass ein erfahrener Chirurg, ganz gleich, ob er im Bereich der Schönheitschirurgie oder auf einem anderen Feld arbeitet, keine Arbeit finden kann."

Dr. Frieder sah seinen Anwalt an. „Kann ich auch etwas sagen?"

„Selbstverständlich", antworteten der Richter und Herrn Frieders Anwalt gleichzeitig. „Ich habe eine Entzündung im Handbereich, ich möchte Sie hier mit medizinischen Begriffen verschonen, es ist jedoch so, dass diese Entzündung schon länger besteht und nicht abzusehen ist, wann sie ausgeheilt sein wird." Herr Frieder zog einen Ärmel seines Jacketts etwas zurück und gab den Blick auf eine Manschette, die das Handgelenk umfasste, frei.
„Dieses Ding habe ich bei dir noch nie gesehen", rutschte es Frau Neumann heraus.
„Meine Liebe, wir sind auch schon seit einigen Monaten nicht mehr zusammen."
„Aber wenn du die Kinder abgeholt hast, habe ich so etwas an dir noch nie gesehen."
„Ich trage sie auch nicht, wenn die Kinder dabei sind, ich möchte sie nicht erschrecken."
„Wer es glaubt, wird selig."
Kerstin fand es an der Zeit einzugreifen. „Sehr geehrter Herr Vorsitzender, auch uns erscheint es gänzlich unwahrscheinlich, dass Herr Dr. Frieder nicht in der Lage sein sollte, den Kindesunterhalt, so wie wir ihn beantragt haben, zu bezahlen. Es mag sein, dass es derzeit in der beruflichen Biografie Brüche gibt und Phasen, in denen man nicht immer gleich verdient, aber als überdurchschnittlich gut verdienender Schönheitschirurg, der vor vier Jahren noch ein Jahresbruttoeinkommen von circa zweihunderttausend Euro gehabt hat und in nicht unerheblichem Umfang Rücklagen gebildet hat, muss er in der derzeitigen Situation den Kindesunterhalt in vollem Umfang bestreiten können."
„Das erscheint mir plausibel. Haben Sie dafür auch Beweise?", fragte der Richter.

„Noch nicht", antwortete Kerstin. „Deswegen haben wir unserem Antrag auf Kindesunterhalt auch den Auskunftsanteil vorangestellt, in dem wir die Einkommensteuererklärungen, Bescheide und dazugehörigen Unterlagen für die drei, vier und fünf zurückliegenden Jahre fordern. Wir gehen davon aus, dass die Einkommensteuererklärung für das letzte und vorletzte Jahr noch nicht fertiggestellt ist."
Der Anwalt der Gegenseite warf ein: „Die Erklärung für das vergangene Jahr kann mein Mandant innerhalb der nächsten zehn Tage vorlegen. Er war gestern bei seinem Steuerberater und hat ihn gebeten, seine Steuererklärung vorzuziehen, was ihm dieser zugesagt hat. Das Einkommen meines Mandanten dürfte bei etwa fünfzehntausend Euro netto liegen, was ungefähr seinem Selbstbehalt entspricht."
Kerstin sah zu ihrer Mandantin, die neben ihr offensichtlich um Fassung rang und hörbar tief ein- und ausatmete. Sie überlegte schnell und konterte: „Angenommen, Sie hatten letztes Jahr ein schlechtes Jahr, so sind Sie als Selbstständiger dennoch verpflichtet, den Durchschnitt aus den letzten drei Einkommensjahren zu bilden und Ihr durchschnittliches monatliches Nettoeinkommen aus diesen drei Jahren berechnen zu lassen. Warum wurden die zwei Jahre davor denn bisher nicht vorgelegt?"
„Weil sie bisher noch nicht bestandskräftig waren", erklärte der Gegenanwalt. „Es gab hier Einsprüche gegenüber dem Finanzamt und damit noch keine abschließenden Bescheide."
„So kann man sich auch herausreden", sagte Frau Neumann, „das sind doch alles nur Tricks. Herr Richter, da müssen Sie doch etwas machen!"

„Immer mit der Ruhe!", antwortete dieser. „Um eines klarzustellen: Ich werde beschließen, dass die Einkommensteuerbescheide der drei zurückliegenden Jahre innerhalb der nächsten vierzehn Tage eingereicht werden müssen. Danach ist es für das Gericht kein Problem, den Unterhalt zu berechnen und festzusetzen."
„Anschließend benötige ich noch eine Schriftsatzfrist, nachdem auch wir die Unterlagen erhalten haben", meldete sich Kerstin.
„Reichen Ihnen zwei Wochen?"
„Selbstverständlich", sagte Kerstin, „ich bin froh, wenn meine Mandantin baldmöglichst Kindesunterhalt bekommt."
Der Richter protokollierte das Notwendige, auch den Termin zur Entscheidungsverkündung, und sah danach alle vier Anwesenden an: „Eigentlich sind wir jetzt am Ende der Sitzung. Dennoch möchte ich Sie fragen, Herr Frieder: Warum fällt es Ihnen so schwer, den Unterhalt für Ihre Kinder zu bezahlen?"
„Weil sie mit meinem besten Freund geschlafen hat", antwortete der Gefragte wie aus der Pistole geschossen.
„Aber du hast zuvor mit meiner Cousine geschlafen", blaffte Frau Neumann.
Der Richter hob kurz die Augenbrauen und sagte: „Und dafür sollen Ihre beiden Söhne büßen? Bitte beachten Sie, dass es stets eine Paar- und eine Elternebene gibt. Auf der Paarebene haben Sie sich schwer enttäuscht. Auf der Elternebene sollten Sie zusammenhalten." Damit entließ er die Parteien aus dem Sitzungszimmer.
Während Kerstin ihre Robe ablegte und ihre Jacke anzog, dachte sie: „Diesen Satz muss man auch

wirklich jedem Paar sagen. Wir sollten ihn gleich neben unseren Briefkopf schreiben."
Dr. Frieder ging mit seinem Anwalt direkt aus dem Sitzungszimmer die Treppe hinab, während Kerstin mit ihrer Mandantin auf den Lift wartete.
„Und wie geht es jetzt weiter?", fragte Frau Neumann.
„Ich hoffe, dass sich aus dem Durchschnitt der drei Einkommensjahre ein Nettoeinkommen ergibt, aus dem Herr Frieder Kindesunterhalt zu zahlen hat, den Sie sich vorstellen."
„Und wenn das nicht der Fall ist?"
„Ich denke, es bringt uns jetzt nicht weiter, zu spekulieren. Falls es aber weiterhin Schwierigkeiten gibt, würde ich Ihnen raten, eine Strafanzeige wegen Unterhaltspflichtverletzung einzureichen. Denn es sieht so aus, als ob der Vater Ihrer Kinder einfach an Sie nicht zahlen möchte. Er übersieht dabei, dass die Zahlungen ausschließlich für die Kinder vorgesehen sind."
„Genau! Er misstraut mir und denkt, dass ich mir damit ein schönes Leben mache."
„Wie wollen Sie sich mit dem Schulgeld für Ihre Kinder und die Beiträge für den Tennisclub und das Geld für Essen, Kleidung, Unterkunft und Schulbedarf ein schönes Leben machen?", fragte Kerstin und beide Frauen lachten. „Eine Anzeige wegen Unterhaltspflichtverletzung hätte den Vorteil, dass Herr Frieder ein Strafverfahren am Hals hat und merkt, dass es kein Kavaliersdelikt ist, den Unterhalt für die Kinder zu verweigern."
„Das Gleiche hat mir schon Ihre Kollegin geraten, und das Jugendamt ebenfalls. Aber ich tue mich schwer damit. Ich will ihn nicht vor ein Strafgericht bringen."

„Manchmal ist Druck leider notwendig", sagte Kerstin. „Wenn Sie möchten, können auch wir die Anzeige für Sie einreichen. Sie müssten uns dann eine entsprechende Vollmacht geben."
„Wenn das möglich wäre!"
„Ich schlage vor, dass Sie sich das noch einmal in Ruhe überlegen. Falls Herr Dr. Frieder weiterhin auf arm und krank macht, ist es aus meiner Sicht ein unumgänglicher Schritt."
Inzwischen waren beide Frauen im Erdgeschoss angelangt.
„Leider gibt es immer noch kein Geld", murmelte Frau Neumann.
„Lassen Sie den Kopf nicht hängen. Wir sind auf einem guten Weg", versuchte Kerstin ihr Mut zu machen, und dachte: „Hoffentlich!"

20. Kapitel

In zwei Tagen sollte es endlich losgehen. Frau Vogt war aufgeregt und hatte ihren großen Koffer mehrmals aus- und umgepackt. Zunächst hatte sie sich an den sommerlichen Temperaturen, die für die Karibik angezeigt wurden, orientiert und ausschließlich Sommerkleider, Strandkleider, Shorts, T-Shirts, Badesachen und ihr Lieblings-Badetuch eingepackt. Nach einem Telefonat mit ihrer Schwester, die schon einmal eine Seereise unternommen hatte, wurde ein Teil der luftigen Sachen wieder aus- und dafür lange Hosen, ein leichter Sommerpullover und Windjacken nebst zahlreichen Schals und Kopftüchern eingepackt, da es auf einer Seereise naturgemäß oft windig war.
Nachdem sie mehrmals umdisponiert hatte, entschied sie sich für ein Waschpulver in der Tube und, ordentlich wie sie war, auch für ein Reisebügeleisen, damit sie notfalls die getragene Kleidung einmal durchwaschen und erneut tragen konnte. Sie nahm daher nahezu alles, was voraussichtlich gebraucht werden würde, zweifach mit und hatte am Ende sogar noch Platz für ein Cocktail- und ein Abendkleid, beides Kleidungsstücke, die sie schon eine gefühlte Ewigkeit nicht mehr getragen hatte. Zu ihrer Erleichterung passten sie ihr nach wie vor. Lediglich eine hochdosierte Sonnencreme und ein Paar neue Badeschuhe mussten noch besorgt werden und Frau Vogt nahm sich fest vor, das heute Abend zu erledigen, damit sie den Koffer endlich schließen konnte und anschließend nur noch ihre Handtasche mit den notwendigen Reisedokumenten packen musste.

Gerade als sie aus dem Untergeschoss der U- und S-Bahnen auf den Marienplatz trat und die ersten Meter in Richtung Viktualienmarkt zurückgelegt hatte, sah sie in einem Schaufenster eine Badetasche aus Stoff hängen. „So eine brauche ich auch", dachte sie und war froh, dass ihr das noch rechtzeitig eingefallen war. Aber das Geschäft würde erst um halb zehn öffnen, also kam auch dieser Punkt für den Abend auf die Einkaufsliste. Auf dem Viktualienmarkt war bereits munteres Treiben, sodass Frau Vogt ihren Vorsatz, für Frau Bärenreuther noch ein paar Blumen zu kaufen, damit sie es auch in der Zeit ihrer Abwesenheit schön hatte, unverzüglich umsetzen konnte.

In der Kanzlei angekommen, versorgte sie sogleich den Strauß mit den wunderschönen Iris und stellte ihn ihrer Chefin auf den Schreibtisch. Kaum hatte sie die Fenster in der Kanzlei geöffnet, um einmal quer zu lüften, als es klingelte. Vor ihr stand die Aushilfsfachkraft, die sie mit „Guten Morgen, Frau Magellani" begrüßte.

„Grüß Gott, Frau Vogt", sagte Meggy, während sie eintrat.

Frau Vogt konnte es nicht lassen, Meggy einmal kurz zu mustern. Wenn sie ehrlich war, fand sie die Kleidung der jungen Frau nicht angemessen und ihrer Meinung nach waren schwere Stiefel, schwarze Strumpfhosen und ein Rock, der mindestens zehn Zentimeter über dem Knie endete, für eine Rechtsanwaltskanzlei nicht seriös genug. Auch der Ringelpullover mit dem ausladenden U-Boot-Ausschnitt, der einen Blick auf rote BH-Träger ermöglichte, war nicht nach ihrem Geschmack. Baumelte an dem einen Ohr der jungen Frau nicht ein Totenkopf? Frau Vogt kniff die Augen zusammen, konnte das Motiv aber leider ohne Brille nicht erkennen.

Meggy hatte Frau Vogt genau beobachtet und musste grinsen. „Gefällt Ihnen mein Ohrring?", fragte sie. Frau Vogt fühlte sich ertappt. „Nun", sagte sie streng. „Wenn Sie mir bitte folgen würden. – Ich bin nur noch heute und morgen in der Kanzlei und werde Ihnen daher Ihre Aufgaben erklären. Wir können dazu eine Tasse Kaffee zusammen trinken, sobald das Wasser heiß ist. Zunächst erkläre ich Ihnen die Schlüssel." Frau Vogt hielt demonstrativ den großen Schlüsselbund hoch und begann mit ihren Ausführungen.

Als die beiden Frauen zwanzig Minuten später in der kleinen Küche zusammenstanden und ihren Kaffee tranken, kam Kerstin dazu. „Wie ich sehe, sind Sie schon dabei, sich bei uns einzuleben, Frau Magellani", begrüßte Kerstin sie herzlich.

„Ich weiß schon alles über Lüften, Blumen und Kaffeeküche", bemerkte Meggy grinsend, „und gleich geht's wohl ans Technische." Auch Kerstins Blick blieb an dem Ohrring hängen und sie musste lachen. „Was für ein interessanter Ohrring", bemerkte sie, und nachdem sie das übrige Outfit von Meggy in sich aufgenommen hatte, kam ihr der Gedanke, dass diese junge Frau nur fünf Jahre älter als ihre Tochter Lisa war, die zu ihrem Bedauern auch immer mehr dazu tendierte, Schwarz zu tragen. „Von wem sind denn die wunderbaren Blumen auf meinem Schreibtisch?"

„Von mir", sagte Frau Vogt, „ich möchte dazu beitragen, dass auch Sie eine schöne Zeit haben, während ich es mir gutgehen lasse." „Ein wenig bange ist mir schon", gab Kerstin zu, „aber wenn Sie Frau Magellani heute und morgen noch gut einarbeiten, wird alles klappen."

„Wollten wir nicht ein neues System installieren?", erkundigte sich Meggy. „Ich habe dazu ein paar Angebote mitgebracht."
„Ich denke nicht, dass das notwendig ist", erklärte Frau Vogt. „Wir sind all die Jahre gut mit dem zurechtgekommen, was wir haben. Lediglich das Fax ..." Sie sah Frau Bärenreuther fast entschuldigend an. Kerstin hatte keine Lust, die Sache zu diskutieren, und schlug daher vor: „Machen Sie sich erst einmal mit dem vertraut, was vorhanden ist, danach sehen wir weiter. Um neun Uhr kommt das Ehepaar Meyerhofer zur Mediation. Frau Vogt wird Ihnen dazu alles erklären."
Kerstin wollte die Zeit nutzen, um sich auf ihre dritte Mediationssitzung vorzubereiten. Das Ehepaar war bereits zweimal bei ihr gewesen. In der ersten Sitzung hatten die Medianden ihr Anliegen und ihre Situation dargestellt. Ihr Ziel war es, zu einer einvernehmlichen Ehescheidung zu kommen. Dieses Ziel war auch auf ein Flipchartblatt geschrieben worden, das Kerstin mit einem Klebeband an die Wand heftete. Des Weiteren waren ausführlich die Regeln der Mediation besprochen worden, unter anderen die Rolle von Kerstin, die für beide Parteien gleichermaßen zuständig war, sowie die Verpflichtung von Herrn und Frau Meyerhofer, jeweils getrennt einen Beratungsanwalt aufzusuchen, der sie rechtlich hinsichtlich der Ehescheidung, des Versorgungsausgleichs und zu Unterhalts- und Vermögensfragen parteiisch beraten würde. Insbesondere Herr Meyerhofer hatte diesbezüglich enttäuscht reagiert, weil er gehofft hatte, dass bei der Durchführung der Mediation kein Anwalt notwendig sei. „Das kostet doch wieder was. Außerdem kommen wir mit den beiden Anwälten vielleicht in Streit", hatte er sich beschwert. Kerstin war

in ihrer Ausbildung auf diesen Einwand vorbereitet worden und erklärte dem Ehepaar, dass es bei rechtlich relevanten Sachverhalten wie einer Ehescheidung unabdingbar sei, dass man das Recht kenne, bevor man sich anschließend in einer Scheidungsvereinbarung einigen würde. Denn ohne die Kenntnis des Rechts würde man vielleicht etwas unterschreiben, was man später bereuen würde.

In der zweiten Sitzung hatte Kerstin beide Parteien gebeten, ihre Themen aufzuführen, die in der Mediation behandelt werden sollten. Dabei hatte sie betont, dass, da das Paar sich gerade eben erst trennen wollte, es ausreichen würde, die drängendsten Probleme in den Vordergrund zu stellen. Frau Meyerhofer hatte daraufhin die Punkte

1. Wer wohnt wo?
2. Wer hat wann die Kinder?
3. Unterhalt für die Kinder

genannt, während Herr Meyerhofer nur die Punkte zwei und drei für wesentlich fand, da er es, wie er ausführte, nach wie vor für sinnvoll hielte, dass seine Frau mit den beiden Kindern im Haus neben seinen Eltern wohnen würde. Nachdem Kerstin erläutert hatte, dass beide nur dann ihr Mediationsziel „Einvernehmliche Ehescheidung" erreichen würden, wenn alle Punkte geklärt würden, auch wenn sie nur von einer Partei eingebracht würden, erklärte Herr Meyerhofer sich schließlich bereit, auch den Punkt „Wohnen" mit aufzunehmen. Als Kerstin ihnen am Ende die Frage stellte: „Was war in dieser Sitzung heute wichtig für Sie?", antwortete Frau Meyerhofer: „Dass mein Mann endlich versteht, wie wichtig mir das

Thema Wohnen ist." Herr Meyerhofer hatte geantwortet: „Dass wir die Sache endlich angehen. Wir haben lange Zeit unzufrieden nebeneinanderher gelebt. Das war eigentlich eine verlorene Zeit."
Nachdem die Medianden gegangen waren, hatte Kerstin tief durchgeatmet. Sie war froh, dass sie diese erste Hürde gut genommen hatten.

Heute würden die Parteien mit einem der Themen weiterarbeiten und dabei die sogenannten Interessen und Bedürfnisse, somit das, was dem jeweiligen Ehepartner im Zusammenhang mit dem Thema wichtig war, herausarbeiten.
Kerstin beschriftete das Flipchart bereits mit „Interessen/Bedürfnisse", teilte das Blatt mit einem Längsstrich in zwei Spalten und überschrieb sie mit „Frau Meyerhofer" und „Herr Meyerhofer". Sie war gespannt, ob die Medianden sich auf ein Thema einigen und anschließend alles wie geplant ablaufen würde.
Aus den Rollenspielen war bekannt, dass dieser Punkt etwas knifflig, aber dringend notwendig war. Sinn dieser Übung war zunächst, dass jede Partei sich darüber klar wurde, was ihr eigentlich an einer Sache wichtig war. Gleichzeitig bestand die Möglichkeit, dass man dadurch für die andere Seite mehr Verständnis entwickelte.
Kerstin merkte, wie angespannt sie war. Sie ging daher in die Kaffeeküche und hoffte, dass noch etwas von ihren geliebten Sahnetrüffeln vorhanden wäre. Sie hatte Glück und verleibte sich gleich zwei davon ein, in der Hoffnung, mit dieser Nervennahrung ausreichend für die kommende Sitzung gerüstet zu sein.

21. Kapitel

Helen fand ihr derzeitiges Leben luxuriös und sie genoss es in vollen Zügen. Morgens schlief sie gemütlich aus, frühstückte im Bademantel und nahm ab zehn Uhr, so hatte sie es mit der Kanzlei vereinbart, hie und da einen durchgestellten Anruf entgegen. Zunächst hatte Kerstin ihr sämtliche Post einscannen und zusenden lassen, nach und nach hatten beide Kolleginnen vereinbart, dass Kerstin die Fälle ganz übernehmen sollte, weil auch nach sechs Wochen Homeoffice noch nicht absehbar war, dass Helen in die Kanzlei gehen konnte. Eines Morgens hatte sie sich entschieden, beim Friseur einen Termin zu vereinbaren. Es war ihr klar, dass das nicht im Sinne ihrer Ärztin war, aber Helen fand, dass ein Haarschnitt dringend nötig war. Da das Geschäft nicht weit entfernt lag, war Helen zu Fuß gegangen und hatte den Termin auch gut überstanden, allerdings am späten Nachmittag wiederum eine leichte Wehentätigkeit bemerkt. Zur Sicherheit hatte sie etwas mehr Magnesium eingenommen und ihr Bauch hatte sich daraufhin wieder beruhigt.
Beim nächsten Arzttermin fragte sie ihre Ärztin, ob sie noch eine Chance sähe, dass sie vor der Mutterschutzzeit noch einmal in die Kanzlei gehen könne, aber ihr wurde davon abgeraten. „Liebe Frau Binz, es handelt sich jetzt nur noch um ein paar Wochen, die Sie sich gedulden müssen. Ihr Kind gedeiht prächtig und Sie sehen auch gut aus."
„Das kommt von den Nachmittagen auf meinem Balkon", hatte Helen erklärt. Die letzten Wochen war

es meist sonnig gewesen, nur hier und da hatte gegen Abend ein kleines Gewitter die Luft gereinigt. „Aber die Ausflüge ins Grüne fehlen mir."
„Noch ein paar Wochen, und Sie können es wagen. Ab der sechsunddreißigsten Kalenderwoche können Sie es entspannter angehen. So prächtig, wie Ihr Kind gedeiht, ist es dann kein Problem mehr, wenn es ein bis zwei Wochen vor dem errechneten Termin kommt. Genießen Sie die freie Zeit, lesen Sie, sehen Sie sich Filme an. All das ist dann im ersten Lebensjahr des Kindes etwas eingeschränkt."
„Das ist mir klar. Ich hatte doch meine Nichte Sarah mit ihrem Baby im Haus und habe ihr den süßen Kleinen des Öfteren abgenommen."
„Dann wissen Sie Bescheid", hatte die Ärztin lachend erklärt, „Sie erwarten sozusagen Ihr zweites Kind."
„Nur bei der Geburt hatte ich es damals einfacher."
„Die kann Ihnen dieses Mal niemand abnehmen. Es wäre gut, wenn Sie mit Ihrem Lebensgefährten vereinbaren würden, dass er Sie begleitet."
„Das wird er auf jeden Fall!", erklärte Helen, aber dann fiel ihr ein, dass sie mit Stefan darüber nur kurz gesprochen hatte, und sie nahm sich vor, das gleich heute zu klären.
Gegen Abend kam Stefan wie vereinbart mit Frühlingsrollen und zweimal leckerer Ente mit Chop Suey zu ihr nach Hause. Helen hatte den Backofen eingestellt, um die Gerichte warm zu halten. Sie konnte sich nach wie vor nicht zu einer Mikrowelle entschließen, obwohl Stefan ihr die Vorzüge einer solchen schon mehrmals angepriesen hatte. Helen hatte den Tisch auf dem Balkon gedeckt, für Stefan ein kaltes Bier bereitgestellt und für sich eine Saftschorle.
„Auf diese Saftschorlen könnte ich langsam

verzichten", dachte sie, aber ihr fiel nichts anderes ein, um wenigstens etwas Geschmack in das Münchner Leitungswasser zu bekommen, das sie grundsätzlich gerne trank.
Nachdem beide mit wohlgefüllten Bäuchen auf dem Balkon saßen und Stefan ihr von seinem Tag auf der Baustelle erzählt hatte, fand Helen, dass es der richtige Zeitpunkt war, um das Thema Geburt anzuschneiden. Sie erzählte von ihrem Besuch bei der Ärztin und deren Vorschlag, die Geburt gemeinsam durchzustehen.
„Natürlich will ich bei der Geburt dabei sein. Was hast du gedacht!", erklärte Stefan. „Ich will doch nicht verpassen, wenn der neue Weltfußballer des Jahres geboren wird."
„Das wird sicher eine Sensation. Aber ich wäre dankbar, wenn du auch mir beistehen würdest."
„Auf alle Fälle, mein Schatz!" Stefan stand auf und gab Helen einen Kuss. „So eine Geburt soll beeindruckend sein. Obwohl …" Er sah einen Moment lang nachdenklich drein. „Ein Kollege hat mir erzählt, dass er dabei umgekippt ist. Aber ich kann mich auch auf einen Stuhl setzen."
„Da habe ich bei dir keine Bedenken", erklärte Helen und sah ihn liebevoll an.
„Ich wollte mit dir aber noch über etwas ganz anderes sprechen", sagte Stefan. „Ich denke, du solltest langsam umziehen. Das heißt, ich hoffe, du hältst es mit mir aus und du hast Lust, dass wir beide zusammenziehen. Wenn das Kind geboren ist, möchte ich mit euch beiden möglichst viel Zeit verbringen, und das bedeutet, dass wir in einer Wohnung leben sollten. Oder noch besser: in einem Haus. Um ehrlich zu sein, ich habe schon einen Plan."

Helen sah ihren Freund entsetzt an. Sie fand die Regelung, so wie sie war, ganz wunderbar. Stefan war die meiste Zeit bei ihr. Sie hatte ihm in einer Kommode und in ihrem Kleiderschrank Platz eingeräumt, teilten beide Bett und Badezimmer und die Wohnung war groß genug, um ein Kinderzimmer einzurichten. Daher antwortete sie etwas erschreckt: „Was passt dir denn an dieser Wohnung nicht? Wir leben doch fast zusammen."

„Helen, das hier ist deine Wohnung. Und ich konnte ein paar Sachen deponieren. Aber ich habe auch Bücher, CDs, Kleidung, Möbel, die ich gerne um mich habe, und ich möchte nicht nur Gast in einer Wohnung sein oder die Sachen alle verkaufen, nur um bei dir ein kleines Eckchen im Schlafzimmer zu beziehen. – Pass auf. Ich habe einen wunderbaren Plan. Dreißig Kilometer von hier, im wunderschönen Oberland, wird eine große Dachgeschosswohnung mit vier Zimmern frei, nur zwei Häuser entfernt von meiner Schwester. Ich habe sie mir bereits angesehen. Dort könnte ich mir ein Arbeitszimmer einrichten, denn hie und da kann ich auch Homeoffice machen, um bei unserem Kind zu sein. Wir sollten unsere Möbel zusammentragen und jeweils das übernehmen, was uns beiden am besten gefällt. Außerdem könnte die älteste Tochter meiner Schwester hie und da babysitten, sodass wir auch ein bisschen Luft hätten, wenn das Kind etwas größer ist."

„Ich will aber nicht aus Schwabing weg", erklärte Helen, „ich bin eine Stadtpflanze! Ich liebe die Geschäfte und Lokale hier und den Englischen Garten. Du kannst mich nicht einfach aufs Land verpflanzen. Da gehe ich ein."

„Das ist alles im S-Bahn-Bereich. Hunderttausende Menschen wohnen so. Sie können trotzdem ins Kino und ins Café oder sonst wo hingehen."
„Aber das wäre dann eine ganz andere Situation und eine andere Atmosphäre!"
„Für Kinder ist es auf dem Land oft viel einfacher. Sie wachsen gesünder auf, haben mehr Platz um sich herum, es gibt mehr Haustiere …"
„… und es stinkt nach Mist," behauptete Helen erbost.
Beide schwiegen eine längere Zeit.
Helen versuchte, ihren Ärger in den Griff zu bekommen. Schließlich sagte sie: „Stefan, ich finde es prima, dass du dich schon um ein gemeinsames Zuhause sorgst. Du hast recht, dass wir beide als Eltern möglichst viel Zeit zusammen verbringen und uns beide wohlfühlen sollten. Nur das, was du vorschlägst, ist keine Lösung für mich. Eigentlich will ich aus dieser Wohnung nicht raus. Gib mir ein bisschen Zeit. Vielleicht fällt mir irgendetwas ein, wie wir diese Wohnung hier umgestalten können."
„Das kannst du vergessen", erklärte Stefan gereizt. „Hier ist einfach zu wenig Platz. Ich bin es gewohnt, ein Zimmer für mich zu haben. Das ist eine Dreizimmerwohnung. Wie soll das gehen?"
„Ich habe auch noch keine Lösung. Aber ich werde darüber nachzudenken. Würde es dir denn überhaupt gefallen, mit mir in Schwabing zu leben?"
„Schon. Für uns beide als Pärchen, wenn ich dich oft besuche, passt das wunderbar. Aber für ein Kleinkind finde ich diese Wohnung nicht so toll. Dritter Stock, alles muss man hochtragen. Wer weiß, wo man den Kinderwagen hinstellen kann …"

„Der hat unten im Treppenhaus Platz. Da stand auch Robins Kinderwagen und niemand hat sich beschwert."
„Trotzdem. Das Kind wird an der Straße groß. Man muss immer aufpassen ... Draußen bei meiner Schwester fahren schon die Einjährigen mit dem Bobbycar durch die Gegend, und es läuft nicht ständig jemand hinter ihnen her."
„Ich bin aber nicht deine Schwester. Für sie passt es dort, und für die Kinder auch."
„Ich spreche nicht von dir, sondern vom Kind."
„Es muss aber für uns alle passen."
„Klar. Aber ich habe das Gefühl, momentan denkst du nur an dich. Hier passt es dir. Ich fahre immer hin und her. Es ist ganz schön weit zu meiner Arbeitsstelle ..."
„Die Baustellen ändern sich doch ständig."
„Aber im Allgemeinen arbeite ich weiter draußen. In der Stadt werden kaum Einfamilienhäuser gebaut, und genau da sind gute Architekten gefragt. Außerdem liegt mein Büro draußen an der Stadtgrenze."
„Das war doch bisher auch kein Problem."
„Ich glaube, Helen, unser Gespräch führt zu nichts. Ich fahre jetzt nach Hause."
Er stand auf, stellte das benutzte Geschirr zusammen und trug es in die Küche.
Helen tat es ihm gleich und trug die Gläser und den Salzstreuer hinterher.
Als sie beide mit dem Einräumen in die Spülmaschine fertig waren, sah Helen ihn an: „Das ist ein Problem, Stefan, vermutlich das erste, das wir haben."
„Das ist wirklich ein Problem", erklärte Stefan, „und ich weiß nicht, wie wir es lösen sollen."
Dann nahm er seine Jacke, die über dem Küchenstuhl hing, und ging zur Wohnungstür. „Schönen Abend

noch", sagte er, bevor er durch die Tür trat und sie geräuschvoller als sonst schloss.

22. Kapitel

Kerstin war frustriert. Während sie am Montagmorgen die Treppen zur Kanzlei hochstapfte, überlegte sie, dass sie sich selten so müde gefühlt und unmotiviert gewesen war, zur Arbeit zu gehen. Als sie die Tür zum Büro aufschloss, war ihr klar, dass ihr kein freundliches „Guten Morgen!" von Frau Vogt entgegenschallen, keine frischen Blumen auf dem Empfangstresen stehen würden und allenfalls Meggy, vermutlich erst knapp vor neun, erscheinen würde. Ihr wurde wieder einmal bewusst, wie sehr sie die Zusammenarbeit und den Austausch mit Helen vermisste. Obwohl sie selbst, wie sie fand, die Vertretung für ihre Kollegin in den letzten fünf Wochen gut gemeistert hatte, spürte sie, dass ihr die zusätzliche Arbeit langsam zu viel wurde. Bereits zweimal hatte sie etwas verwechselt. Sie hatte den Teil einer Akte in einer anderen abgelegt und anschließend eine halbe Stunde lang gesucht, bis sie die fehlenden Schriftstücke gefunden hatte. Außerdem mussten nun endlich Entscheidungen getroffen werden, ob, wie von Meggy vorgeschlagen, neue Systeme in der Kanzlei installiert werden sollten. Kerstin hatte sich noch am Freitagnachmittag eine Stunde lang erklären lassen, worin die Vorteile lagen. So wie Meggy es ihr beschrieben hatte, war Kerstin hochmotiviert gewesen, den Schritt zu wagen und Neuerungen einzuführen. Im Wesentlichen hatte Meggy folgende Ideen: Als Erstes sollten die inzwischen veralteten Rechner erneuert werden. Des Weiteren müsste eine professionelle Kanzleisoftware mit allerlei Funktionen und Möglichkeiten installiert werden. Der Geschichte angehören sollten auch die veralteten analogen

Diktiergeräte und Diktatbänder, die insbesondere Helen noch verwendet hatte. Das altertümlich anmutende Hin- und Hertragen von Mini- und Mikrodiktatbändern würde entfallen. An ihre Stelle sollte das digitale Diktat rücken, mit den entsprechenden Diktiergeräten, die Dateien produzieren würden. Meggy hatte von den neuen Möglichkeiten mit leuchtenden Augen berichtet, zum Beispiel von einem Modul innerhalb der Software, das die Portokosten ähnlich wie an der Supermarktkasse über einen Strichcode erfassen könne und automatisch zur Akte speichere. Oder die tolle Funktion, mit der das System automatisch unter die Honorarrechnung einen QR-Code für das Onlinebanking der Mandanten generiere, den die Mandanten nur scannen müssten, um ihre Überweisung ordnungsgemäß auszuführen. In ihrer letzten Kanzlei hatte sie gute Erfahrungen mit diesen Systemen gemacht.

Im Stillen dachte Kerstin, welch glücklichem Zufall sie es zu verdanken hatten, Meggy – wie sie sie inzwischen nannte – eingestellt zu haben und von ihren Erfahrungen zu profitieren. Kerstin hatte daraufhin am Samstagnachmittag Helen besucht, in der Absicht, mit ihr alles ausführlich zu besprechen. Sie hatte Kuchen mitgebracht und alkoholfreien Sekt und beide hatten sich zunächst über die Schwangerschaft und Helens mittlerweile doch recht faules Leben unterhalten. Ein bisschen hatte Kerstin ihre Kollegin fast beneidet, wie sie zufrieden in der Sonne saß, zwischendurch die Augen schloss und liebevoll über ihren inzwischen wohlgerundeten Bauch strich.

Nach einiger Zeit war Helen auch auf den Streit mit Stefan zu sprechen gekommen und hatte Kerstin gefragt, ob sie eine Idee hätte, wie sich die Situation lösen ließe.

„Ich denke, es ist wichtig, dass ihr zu zweit einen Platz findet, an dem ihr zusammenleben könnt. Du willst dein Kind doch nicht überwiegend alleine großziehen, mit gelegentlichen Besuchen von Stefan."

„Aber ich will hier nicht weg! Das ist mein Leben hier. Ich liebe diese Eigentumswohnung und habe sie mir hart erarbeitet."

„Das ist richtig, aber du könntest sie vermieten. Woanders ist es auch schön."

„Ich glaube, du verstehst mich nicht. Du bist auch keine Stadtpflanze, sondern lebst in Allach mit Garten und allem Drum und Dran."

„Den Garten fand ich ehrlich gesagt sehr hilfreich. Die Kinder konnten, als sie klein waren, raus, ohne dass ich ständig hinter ihnen herlaufen musste."

„Und konnten sicher mit einem Bobbycar umherfahren, kaum dass sie laufen konnten."

„Stimmt! Kannst du dich noch daran erinnern?"

„Nein. Aber das mit dem Bobbycar war Stefans Hauptargument."

„Vielleicht gäbe es in Schwabing auch ein Haus?"

„Das kannst du vergessen. Ich habe mich bei einem Makler erkundigt, aber das kostet alles mehrere Millionen, und Tausende, um es zu mieten, wenn überhaupt eins frei ist. Stefan wirft mir Egoismus vor, ich würde nur an mich denken."

„Da ist was dran", wollte Kerstin gerade sagen, hielt sich aber zurück und schwieg einen Moment. Sie überlegte, welche Argumente für Helen sprachen.

„Einen Punkt, den du gegen Stefans Bobbycar-Argument verwenden könntest, ist, dass du euer Kind bereits mit einigen Monaten in eine Kinderkrippe

geben wirst. Das heißt, euer Kind wird überwiegend dort spielen können. Kinderkrippen haben alle einen Garten oder gehen zumindest auf einen nahegelegenen Spielplatz."
„Da hast du Recht. Wie soll ich denn das hinbekommen, wenn ich dreißig Kilometer in die Innenstadt fahren muss. Zwar könnte ich unser Kind trotzdem in der Innenstadt in eine Kinderkrippe geben, aber da gibt es doch keine mit Garten. Hier in Schwabing hingegen schon. Und ich müsste das Kleine auch nicht immer auf dem Weg zur Kanzlei hin- und herschleppen."
„Eine Kinderkrippe und später Kindergarten in Wohnortnähe sind eindeutig zu befürworten. Das heißt, das Bobbycar-Argument würde allenfalls für das Wochenende gelten."
„Da machen wir sowieso einen Ausflug oder gehen auf den Spielplatz. – Jetzt brauche ich nur noch ein Zimmer, dann wäre alles geritzt. Aber das soll nicht dein Problem sein, Kerstin", hatte Helen schließlich erklärt und beide Füße auf den dritten vorhandenen Stuhl gelegt. „Ich hoffe, es macht dir nichts aus, dass ich hier so herumlümmle."
„Nein! Das sollst du sogar. Aber sag mal, weißt du inzwischen, ob es ein Mädchen oder ein Junge wird?"
„Nein", erklärte Helen, „wir wollen uns bei der Geburt überraschen lassen. Stefan glaubt fest an einen Jungen, ich hätte eigentlich lieber ein Mädchen, also so mit Kinderballett und schönen Kleidchen. Aber wenn es ein Junge ist, wird es mir auch recht sein. Nur dieses Gerede über Fußball …"
„Man gewöhnt sich daran", erklärte Helen, „bei uns zu Hause ist es eher Basketball."
„Aber du hast immerhin eine Tochter."

„Ja. Aber sie macht mir Sorge", erklärte Kerstin, „sie schminkt sich schwarz, trägt fast ausschließlich schwarze Kleidung, wie übrigens unsere Meggy auch. Es gibt jeden Tag lange Diskussionen, bis wann sie nach Hause zu kommen hat. Ihr Freundeskreis ist mir ehrlich gesagt zum Teil auch nicht geheuer. Das heißt, ich kenne die jungen Männer gar nicht."
„Ältere Jungs sind eben interessant, gerade die nicht ganz so braven Jungs." Helen grinste frech.
„Willst du mir Angst machen?"
„Nein. Aber deine Lisa ist ein schlaues Mädel. Die kann auf sich aufpassen."
„Wenn man sich da nur sicher sein könnte …"
Beide Frauen schwiegen einige Zeit. Dann hatte Helen das Thema Technik in der Kanzlei wieder aufgegriffen und Kerstin hatte ihr ausführlich erklärt, welche Neuerungen nach den Darstellungen von Meggy möglich wären und ihrer Meinung nach auch anstünden.
Helen hatte bei ihren Erklärungen nicht besonders konzentriert gewirkt, aber dann erklärt, dass sie bereit wäre, die Hälfte der vorgeschlagenen Investitionen zu übernehmen, die Meggy mit ungefähr sechstausend Euro geschätzt hatte. „Wenn wir langfristig Zeit und Arbeitskraft einsparen können, wird sich das irgendwann amortisieren, hat sie gesagt, und noch habe ich ausreichend Rücklagen. Sonst könnte ich mir diese Urlaubszeit hier gar nicht leisten."
„Bald wirst du Erziehungsgeld erhalten", hatte Kerstin erklärt.
„Aber nur, wenn meine Steuerberaterin irgendwann mit der Einkommensteuererklärung fertig wird."

„Das sollte doch möglich sein", hatte Kerstin geantwortet, weil sie sich nicht auf ein weiteres Problemfeld einlassen wollte.
Schließlich hatte sie sich von Helen verabschiedet und ihr weiterhin alles Gute gewünscht, insbesondere für das Baby, aber auch für die Wohnungssuche. Sie war froh, dass Helen nicht auf das Thema Mediation zu sprechen gekommen war, denn die letzte Sitzung war vollkommen aus dem Ruder gelaufen. Sie hatte sich deshalb überlegt, sich bei ihrer erfahrenen Kollegin, die sie einst auf die Mediation gebracht hatte, eine Supervision zu holen. Zum Abschied hatte Helen sich bei ihr bedankt, dass sie die Kanzlei weiterhin am Laufen hielt und sich so erfolgreich um alles kümmern würde.
„Drei Monate nach der Geburt, so habe ich es mir vorgenommen, werde ich wieder zumindest in Teilzeit in die Kanzlei einsteigen."
Kerstin hatte kurz nachgerechnet. Wenn das Kind Mitte September geboren würde, würde Helen voraussichtlich Mitte Dezember, aller Wahrscheinlichkeit nach aber erst im neuen Jahr, wieder verfügbar sein. Jetzt war es Ende Juni und Kerstin war klar, dass sie mindestens noch ein halbes Jahr allein zurechtkommen musste.

Inzwischen hatte Kerstin die Räume gelüftet, sich einen Kaffee gemacht und damit an ihren Schreibtisch gesetzt. Kaum hatte sie die erste Akte geöffnet, klopfte Meggy kurz an und trat durch die Tür, die Kerstin sicherheitshalber offengelassen hatte.
„Grüß Gott, Frau Bärenreuther! Wie sieht's aus? Hat Ihre Kollegin den vorgeschlagenen Neuerungen zugestimmt?"

Kerstin musste über Meggys Eifer schmunzeln. „Ja, das hat sie. Sie können loslegen. Ich möchte Sie jedoch bitten, dass der Kanzleibetrieb nicht mehr als unbedingt nötig von der Umstellung beeinträchtigt werden sollte. Es wäre also gut, wenn die Technik ganz in der Früh oder gegen Ende eines Arbeitstages aufgestellt werden würde. Oder vielleicht sogar am Wochenende? Versuchen Sie bitte, das bei Ihren Planungen zu berücksichtigen."

Meggy sah begeistert aus. „Und ob ich das berücksichtige! Da mache ich mich gleich an die Arbeit!"

„Ich bitte darum", sagte Kerstin und musste lachen. Vielleicht würde die nächste Zeit nicht nur anstrengend, sondern auch interessant werden.

23. Kapitel

Meggy hatte ganze Arbeit geleistet. Zu sämtlichen beabsichtigten Neuerungen hatte sie Angebote eingeholt. Diese waren von Kerstin geprüft, zuerst teilweise zurückgewiesen, von der Firma nachgebessert und nach kurzer Überlegung dann schließlich angenommen worden, und es dauerte nicht lange, bis die beauftragte Firma anrückte, um die neu erstandenen Rechner aufzustellen, das Netzwerk in der Kanzlei aufzubauen sowie die neue Anwaltssoftware zu installieren. Dafür war ein Freitag ab Mittag ausgewählt worden, um den Betrieb möglichst wenig zu stören und am Wochenende genügend Zeit zu haben, um eventuelle Fehler zu beseitigen.
Kerstin kam am Nachmittag vom Gericht zurück, vor dem sie die einvernehmliche Ehesache Holweger gegen Holweger zur Zufriedenheit ihrer Mandantin abgeschlossen hatte. Zusammen mit beiden Parteien und dem Rechtsanwalt der Gegenseite hatte sie eine Vereinbarung ausgehandelt, die, wie sie selbst fand, allen Seiten, insbesondere auch den vierzehnjährigen Zwillingen, die das Paar hatte, gerecht wurde. Da beide Anwälte im Termin anwesend waren, konnte das Scheidungsverfahren auch abgeschlossen werden, und der Richter verkündete, dass die am siebzehnten Februar zweitausendzwei geschlossene Ehe nun geschieden sei. Beide Anwälte hatten nach Rücksprache mit ihren Mandanten auf ein Rechtsmittel verzichtet, sodass das Gericht anschließend verkündet hatte: „Damit sind Sie seit vierzehn Uhr zehn rechtskräftig geschieden. Ich wünsche Ihnen für die Zukunft alles Gute."

Frau Holweger hatte sich nach diesem Termin erleichtert gezeigt, und Kerstin fand, dass diese Scheidung genauso abgelaufen war, wie sie sich die Verfahren vorstellte. Mit etwas gutem Willen konnte man ihrer Meinung nach all die Dramen verhindern, die in den streitigen Scheidungen gerne inszeniert wurden.
Endlich einmal wieder mit sich zufrieden, kam Kerstin kurze Zeit später gut gelaunt in der Kanzlei an, und als sie sah, wie eifrig Meggy die Techniker, die wegen der Neuinstallation in der Kanzlei waren, unterstützte, kam ihr spontan die Idee, die neue Rechtsanwaltsfachkraft zu einem späten Mittagessen einzuladen.
Noch bevor sie ihr aber den Vorschlag machen konnte, sah Meggy zwischen leeren Kartons, Kabelsträngen und allerlei noch unsortiert herumstehendem Gerät sitzend zu ihr auf und fragte: „Hat alles geklappt, Frau Bärenreuther?"
„Aber ja!"
„Dann werde ich gleich die Rechnung stellen, sobald das System läuft und die elektronische Akte angelegt ist."
Kerstin musste lachen. „Guter Plan", sagte sie. „Und ich habe ebenfalls einen Vorschlag: Was halten Sie davon, wenn ich Sie heute zum Essen einlade?"
Meggy strahlte: „Gerne! Ich hatte vorhin zwar einen Joghurt und ein bisschen Obst, aber ein richtiges Mittagessen, das wäre was!"
„Da das Wetter heute nicht so schön ist, kann ich mir vorstellen, dass wir beide in den Ratskeller gehen. Dort gibt es ein gutes Mittagsmenü, vielleicht bekommen wir trotz später Stunde noch etwas."
„Sehr gerne. Wann wollen wir los?"
Kerstin überlegte. „Ich denke, es ist vertretbar, wenn wir hier, sobald die Techniker gegangen sind, Schluss

machen und uns bemühen, um sechzehn Uhr wieder hier zu sein."

„Guter Plan", gab Meggy grinsend zurück und machte sich wieder an die Arbeit.

Im Ratskeller wählte Meggy ein Spezi und den Schweinebraten mit Semmelknödel. Kerstin schloss sich ihr an, bestellte sich aber ein alkoholfreies Weißbier. „Meine Mama hat sich nie an Knödel gewöhnen können und an den Schweinebraten. Aber ich esse das sehr gern."

„Wird bei Ihnen zu Hause nach wie vor italienisch gekocht?"

„Genau. Viel Pasta, und meine Mama macht eine fantastische Pizza. Wir mussten auch immer sparen, und das ist ein preiswertes Essen."

„Das gibt es bei uns auch oft. Meine Kinder essen das sehr gerne." Auf Nachfrage von Meggy erzählte Kerstin ein wenig von ihren Kindern. Anschließend fragte sie: „Wie gefällt es Ihnen denn in der Kanzlei?"

„Super! Ich finde es toll, dass Sie sich für die neuen Systeme entschieden haben. Sie werden sehen, das spart Zeit und Arbeit. Wenn Sie möchten, kann ich auch ein paar Klagen übernehmen."

„Wie bitte?"

„Es gibt da so Vorlagen, ich habe schon einige gemacht. Wenn Sie mir die Eckdaten geben, kann ich Ihnen Scheidungsanträge vorbereiten, die Sie dann eventuell ergänzen und natürlich absegnen müssten, oder Klagen auf Zahlung von Unterhalt usw. Unsere Software bietet so viel. Die Düsseldorfer Tabellen sind dort zu finden. Auch bei der Zwangsvollstreckung ist es hilfreich: Die Zinssätze sind in der Datenbank

gespeichert, das System berechnet alles automatisch – und verrechnet sich nicht."
„Teilweise hatten wir solche Hilfsmittel."
„Aber die haben nicht zusammengepasst. Jetzt ist alles aus einem Guss."
„Ob Frau Vogt damit zurechtkommen wird?"
„Ich werde ihr alles erklären."
„Da bin ich mal gespannt", dachte Kerstin, „man kann nur das Beste hoffen."
Der Kellner brachte die Getränke. Kerstin stieß mit Meggy an: „Auf gute Zusammenarbeit."
„Da habe ich keine Bedenken", erklärte Meggy selbstbewusst.
Kerstin wollte sich ein wenig entspannen und lenkte das Thema daher erneut auf Privates. „Wie haben Sie Ihr Wochenende verbracht?", fragte sie höflich.
„Es war ganz toll!" Meggy strahlte. „Meine Oma aus Rimini ist gerade zu Besuch. Ich habe sie eingeladen, mit mir auf den Olympiaturm zu fahren. Zuerst hatte sie Angst, in dem Lift durch den hohen Turm nach oben zu fahren, aber an der Kasse wurde uns erklärt, dass es einen Mann gibt, der mit einem mitfährt, und es Ausstiegsmöglichkeiten gibt, falls der Lift stecken bleibt. Das hat sie dann überzeugt, es zu wagen. Oben angekommen, hat es ihr sehr gut gefallen. Man hat einen tollen Blick über die Stadt, sieht das BMW-Werk von oben, das legendäre Olympiadach und den kleinen See, dann den Olympiaberg, unter dem der Schutt vom Zweiten Weltkrieg liegt. Das hat sie sehr beeindruckt. Ich konnte sie auch überreden, mit mir oben in dem Drehrestaurant Kaffee zu trinken."
„Haben Sie dort einen Platz bekommen? Wir waren auch einmal dort und durften nicht hinein."

„Ich habe vorher reserviert", erklärte Meggy stolz. „Es war ziemlich teuer, aber das ist mir meine Oma wert."
„Da haben Sie ihr sicher eine große Freude gemacht."
„Ja. Und es hat ihr alles auch gut geschmeckt. Sogar der Espresso. Meine Oma ist eine gute Köchin und mit dem Essen sehr wählerisch."
Meggy verschwieg, dass sie bei ihrem Ausflug genau gespürt hatte, dass bei ihrer Nonna beim Blick auf das BMW-Ensemble Erinnerungen an Meggys Vater hochgekommen waren. Sie wusste, dass ihre Großmutter ihrem Schwiegersohn nie verziehen hatte, dass er ihre Tochter und die Kinder im Stich gelassen hatte. Meggy konnte ihre Oma gut verstehen, wollte aber nicht, dass sie erneut auf ihren Vater zu sprechen kamen. Obwohl sie ebenfalls fand, dass ihr Vater viel falsch gemacht hatte, tat es ihr weh, wenn in der Familie auf ihn geschimpft wurde, denn Meggy hatte aus den ersten Lebensjahren auch gute Erinnerungen an ihn. Sie hatte ihre Großmutter daher versucht abzulenken, indem sie ihr weitere Gebäude, die Olympia-Schwimmhalle und alles weitere in der Stadt, das man von oben sehen konnte, erklärt hatte. Sogar ein Blick auf die Alpen war wegen des Föhnwetters möglich gewesen.
Der Kellner servierte den Schweinebraten und beide Frauen genossen das leckere Essen. „Ich mag Semmelknödel viel lieber als Kartoffelknödel", erklärte Meggy.
„Bei mir ist es genau umgekehrt."
„Und ich weiß, dass man hier auch ‚Semmelnknödeln' sagt. In der Grundschule waren wir auch im ‚Karl-Valentin-Museum'. Das ist gar nicht weit von hier."

„Stimmt!", pflichtete ihr Kerstin bei. „Dort könnten wir wieder einmal mit den Kindern hingehen. Ich fand es immer lustig."
„Ich auch."
„Wollen wir uns hier noch einen Espresso gönnen?"
„Nein. Das Geld können wir sparen, den trinken wir in der Kanzlei", entschied Meggy pragmatisch. „Wenn Sie möchten, kann ich das übernehmen."
„Gerne", erklärte Kerstin, winkte dem Ober und bat um die Rechnung.
Auf dem Rückweg über den Viktualienmarkt blieb Kerstin vor einem Blumenstand stehen. Sie bewunderte verschiedene Sträuße und fragte Meggy, welcher ihr am besten gefalle.
„Ich finde den mit den bunten Tulpen am besten." Und fügte hinzu: „Der ist auch nicht so teuer."
„Gute Wahl", sagte Kerstin, „dann nehmen wir den mit. Warum sollen wir es uns nicht schön machen, auch wenn wir nur zu zweit sind."
„Heute Nachmittag kommen auch noch Mandanten! Den Namen habe ich nicht im Kopf. Die beiden kommen wegen einer einvernehmlichen Ehescheidung."
„Und wann?"
„Um sechzehn Uhr dreißig. Da bin ich mir sicher."
„Dann nichts wie los!", sagte Kerstin, nachdem sie den Blumenstrauß bezahlt hatte, denn es war bereits kurz nach vier.

Drei Stunden später machte Kerstin sich endlich auf den Heimweg. Meggy hatte ihr mitgeteilt, dass sie heute Abend nichts vorhätte und gerne noch die neue Anlage ausprobieren würde. Kerstin hatte sie ermahnt, nicht zu lange zu arbeiten, aber die junge Frau hatte nur zerstreut ein „Ja" von sich gegeben. Freudestrahlend begann sie, mit der neuen Software zu zaubern. Zuallererst mussten aber alle Akten mit ihren Adressdaten erfasst und eingepflegt werden. Es gab viel zu tun, aber Meggy wusste, dass es sich lohnen würde: Die Arbeit im Sekretariat würde künftig viel schneller von der Hand gehen. Darauf freute sie sich jetzt schon.

24. Kapitel

Es klingelte. Helen unterbrach ihre Zeitungslektüre und erhob sich, wie sie selbst fand, schwerfällig von ihrer bequemen Couch. Ohne in ihre Hausschuhe zu schlüpfen, lief sie so schnell es eben ging zur Eingangstür und drückte auf den Türöffner. Anschließend trat sie ins Treppenhaus und sah gespannt nach unten. Offensichtlich kam jemand mit Gepäck die Treppe hoch, denn es dauerte eine Weile, bis sie einen blonden Schopf wahrnehmen konnte. Als er einen Treppenabsatz unter ihr auftauchte, bekam sie Gewissheit. „Anna! Schwesterherz! Du kommst mich doch nicht etwa besuchen?!"
„Doch. Was dachtest du?!"
Anna blieb stehen und sah nach oben. „Ich muss nur etwas verschnaufen. Treppen bin ich gar nicht mehr gewöhnt. Bei mir auf dem Land ist alles flach."
„Lass dir Zeit. Jetzt ist es nicht mehr weit. Du hast doch nicht etwa den Korb mit den Kräutern zusammen mit deinem Koffer von Hannover hergeschleppt."
„Nein. Ich bin gerade an einem Marktstand vorbeigelaufen und habe mir gedacht, dass sich Salbei, Rosmarin und Pfefferminz vermutlich gut auf deinem Balkon machen würden."
Inzwischen war Anna oben bei Helen angelangt, setzte ihr Gepäck ab und umarmte ihre Schwester vor der Wohnungstür. Dann hielt sie Helen ein Stück weit von sich und begutachtete das Bäuchlein.
„Das sieht ja schon ganz toll aus, Zwillinge?"
„Das hätte mir gerade noch gefehlt", sagte Helen, „nein, offensichtlich wird es ein prächtiges Kind, und

ich habe auch etwas zugelegt, weil ich mich seit Wochen kaum bewege. Komm bitte rein."

Eine Viertelstunde später saßen die beiden Frauen gemütlich mit einer Flasche Wasser und alkoholfreiem Sekt auf dem Balkon. Inzwischen war es so warm, dass Helen bereits vormittags den Sonnenschirm aufspannen musste.

„Wie schön, dass du gekommen bist!", sagte Helen, „ich merke erst jetzt, wie sehr ich dich vermisst habe."

„Bei unserem letzten Telefonat hatte ich den Eindruck, dass du dir Sorgen machst", erklärte Anna, „weniger wegen der Schwangerschaft, sondern eher, wie du dein Leben gestalten sollst. Beruflich mit der Kanzlei, und vor allen Dingen mit Stefan. Ich habe mir gedacht, es wäre schön, wenn ich dich ein wenig ablenken könnte. Grübeln bringt einen meistens nicht weiter, manchmal fliegen einem die Ideen erst dann zu, wenn man lockerlässt."

„Leichter gesagt als getan, wenn man die ganze Zeit in den gleichen vier Wänden sitzt und sich nicht ablenken kann. Obwohl. Ich möchte mich nicht beklagen. Es ist Sommer, die meiste Zeit war wunderbares Wetter. Kerstin hat es bisher gut hinbekommen, die Kanzlei am Laufen zu halten, und Stefan will ein engagierter Vater sein, das ist klar. Nur diese ganzen Umstellungen in meinem Leben, die auf mich zukommen, überfordern mich."

Anna nahm wahr, dass Helen Tränen in den Augen hatte. So kannte sie ihre taffe Schwester eigentlich nicht. Helen war ihr, obwohl sie einige Jahre jünger war als sie selbst, stets zielstrebig und selbstbewusst vorgekommen. Sie war beruflich erfolgreich und hatte die eine oder andere Beziehungskrise in ihrem Leben immer gut weggesteckt.

„Du hast dein Leben bisher so gestalten können, wie du wolltest, und nun kommen plötzlich zwei neue Menschen in dein Leben. Das ist doch schön."
„Ja, du hast Recht. Ich bin vielleicht zu eigenwillig geworden in den letzten Jahren. Wenn man jung ist, ist man vermutlich anpassungsfähiger. Jetzt habe ich mich an meinen Lebensstil gewöhnt, will das Neue haben und das Alte nicht lassen. Und so wird's nicht gehen. Das habe ich schon verstanden."
„Gibt es denn seit unserem letzten Telefonat neue Ideen, wie ihr die Situation mit dem Wohnen angehen könnt?"
„Überhaupt nicht. Stefan hat sich nach unserem letzten Krach zwei Tage lang nicht blicken lassen. Dann kam er und hat mich wieder wunderbar mit Essen versorgt und gemeint, wenn ich möchte, könnten wir einen Umzug auch erst nach der Geburt des Kindes vornehmen. Im Moment wäre es wegen der etwas labilen Schwangerschaft vermutlich nicht ratsam, so einen Kraftakt zu wagen."
„Da gebe ich Stefan Recht. So wie ich dich kenne, würdest du viel zu viel durch die neue Wohnung rennen, umstellen, einräumen, das könnte dem Kind schaden."
„Ich hatte den Eindruck, dass das ein Rat seiner Schwester war, und wenn ich ehrlich bin, Anna, in deren Nähe möchte ich nicht ziehen. Sie hat einfach ein anderes Lebensmodell, hat drei Kinder, kennt sich wohl in allen Belangen, Anschaffung, Erziehung usw., wunderbar aus und würde mich unterstützen, aber ich will einfach nicht neben einem Misthaufen leben, nur damit mein Kind immer mit dem Bobbycar fahren kann."

Anna musste lachen. Sie stellte sich ihre großgewachsene Schwester in High Heels neben einem Misthaufen vor und rundherum viele Kleinkinder, die auf Bobbycars fuhren.
„Was gibt es denn da zu lachen", beschwerte sich Helen. Das reizte Anna nur noch mehr und schließlich liefen ihr Tränen über das Gesicht. Nachdem sie sich beruhigt hatte, nahm sie einen Schluck Sekt und meinte: „Das passt wirklich nicht. Weißt du noch, wie ich dich während meines Praktikums zur Tierärztin mit auf den Bauernhof genommen habe, und du nach einem fünfminütigen Rundgang wieder im Auto gesessen und dort zwei Stunden auf mich gewartet hast."
„Zwei Stunden ist übertrieben", sagte Helen, „außerdem kam gerade die Schlagerparade, die wollte ich hören."
„Sag mal, gibt es denn hier in der Stadt keine Vierzimmerwohnung, die dir gefallen würde?"
„Ich habe den Eindruck, auch das würde Stefan nicht zufriedenstellen. Er hat eine Menge Krempel und will ihn unterbringen. Ach, ich weiß es nicht. Ich bin einfach überfordert."
„Dann lass das Ganze doch auf dich zukommen. Erst das Baby, und dann wird man sehen."
„Stimmt. Ich sollte mich nicht verrückt machen. Stefan und ich müssen auch erst einen Rhythmus finden, wie wir das alles angehen, und in dem Gästezimmer, in dem du jetzt übernachtest, kann er auch einiges unterbringen, wenn er mich fast jeden Tag besucht. Hast du Hunger? Es gibt noch eine halbe Lasagne, die habe ich gestern gemacht, um Stefan etwas versöhnlicher zu stimmen."

„Gerne", erklärte Anna, „ich habe zwar auf dem Weg vom Bahnhof hierher noch eine Butterbreze gegessen, die war lecker, aber hält nicht lange vor. Nach dem Mittagessen würde ich mich gerne eine Stunde hinlegen. Ich bin heute Morgen sehr früh aufgestanden."

„Klar. Mach das. Und richte dich im Gästezimmer gut ein. Das Bett beziehen wir gleich."

„Und heute Nachmittag", erklärte Anna strahlend, „gibt es eine Überraschung! Sarah hat ihren freien Nachmittag und hat versprochen, einen Apfelkuchen zu backen, Sahne mitzubringen, die wir hier schlagen können, und – was noch viel wichtiger ist – ich werde endlich meinen Enkelsohn wiedersehen."

„Du wirst begeistert sein", erklärte Helen, „Robin spricht bereits einige Worte."

„Ich habe mit den beiden telefoniert, und er hat zu mir klar und deutlich ‚Oma' gesagt."

„Und zu mir ‚Elen'."

„Dadurch, dass du Sarah und Robin in den ersten Lebensmonaten in der Wohnung hattest, bist du gut vorbereitet auf dein eigenes Kind."

„Das stimmt. „Mich kann nichts mehr erschüttern."

„Na, wart's ab", dachte Anna und erinnerte sich daran, dass jedes ihrer drei Kinder ganz unterschiedliche Freuden, aber auch Probleme mit ins Haus gebracht hatte. Dann sagte sie: „Schaffst du das mit der Lasagne, oder soll ich helfen?"

„Das mache ich. Pack du erst mal aus", antwortete Helen, ging in die Küche und fühlte sich zum ersten Mal seit Langem wieder nützlich.

25. Kapitel

Kerstin saß im Victorian House, das in derselben Straße wie ihre Kanzlei lag, und sah bereits zum zweiten Mal auf die Uhr. Sie hatte sich um halb zwei mit ihrer Kollegin Richelin verabredet, um sie in ihrem ersten Mediationsfall Meyerhofer um Rat zu bitten, da der Streit beider Medianten in der letzten Sitzung eskaliert war und Kerstin nicht wusste, wie sie damit umgehen sollte. Sie hoffte auf gute Ideen von ihrer Kollegin und war erleichtert, als diese eine Viertelstunde zu spät endlich eintraf.

„Liebe Frau Kollegin, ich bitte Sie, meine Unpünktlichkeit zu entschuldigen, aber gerade als ich aus dem Haus gehen wollte, kam ein Anruf wegen einer Terminverlegung. Da ich nächste Woche in Urlaub gehe, war es nicht so einfach, eine Lösung zu finden. Letztendlich haben wir es geschafft, aber es hat gedauert."

„Kein Problem", erwiderte Kerstin, „ich bin Ihnen sehr dankbar, dass Sie sich so kurz vor Ihrem Urlaub die Zeit für ein Treffen nehmen. Wählen Sie doch erst einmal in Ruhe aus. Es gibt hier eine gute Mittagskarte, und ansonsten kann ich natürlich die ausgezeichneten Tees, Scones usw. mit clotted cream und Erdbeermarmelade empfehlen."

„Ich weiß, ich war vor längerer Zeit einmal hier, vielleicht gönnen wir uns das leckere Gebäck als Nachspeise. Aber zunächst brauche ich etwas Deftiges."

Nach einiger Überlegung wählten beide Frauen eine Quiche mit einem kleinen Salat, Kerstin einen Oolong

Tea und ihre Kollegin einen Earl Grey. Kerstin erkundigte sich zunächst nach dem Urlaubsziel. Nachdem sie, wie sie fand, ausreichend über die Vorzüge der griechischen Insel Thassos informiert worden war, die Bedienung die beiden Tees gebracht und sich dafür entschuldigt hatte, dass die Quiche zwar frisch, aber erst in einer Viertelstunde serviert werden könne, fragte Helen: „Darf ich Ihnen von meinem Fall erzählen?"

Die Kollegin nickte.

Kerstin schilderte daraufhin kurz den Sachverhalt, selbstverständlich – um ihrer Schweigepflicht zu genügen – ohne Namen zu nennen. „Die Ehefrau wurde von ihrem Anwalt auf die Mediation aufmerksam gemacht. Der Ehemann hat sich dann damit einverstanden erklärt. Die ersten beiden Sitzungen liefen problemlos. Beide Seiten haben eine umfassende Information über Mediation erhalten, den Vertrag geschlossen und wir haben die Themensammlung gemacht. In der dritten Sitzung haben wir mit dem Thema ‚Wer wohnt wo?' begonnen. Das Ehepaar lebt derzeit getrennt in verschiedenen Zimmern und mit ihren siebzehn und sechzehn Jahre alten Söhnen in einer Doppelhaushälfte neben den Eltern des Mannes. Die haben das Haus extra für das Ehepaar gebaut, in der Hoffnung, möglichst viel Kontakt und Freude an ihren Enkelkindern zu haben. Das junge Ehepaar war auch zunächst für die Unterstützung bei der Kinderbetreuung dankbar, aber nach und nach wurde es der Ehefrau neben den Schwiegereltern zu eng, weil sie sich, ihrer Meinung nach, zu sehr in die Erziehung eingemischt haben und täglich bei ihr in der Küche und im Wohnzimmer gestanden hätten. Der Ehemann war beruflich häufig

unterwegs und als der Ehefrau eine Affäre mit seiner Arbeitskollegin bekannt wurde, war für sie das Maß voll. Sie drängt darauf, mit den Kindern auszuziehen, benötigt dafür aber ausreichend Unterhalt, weil sie sich anderenfalls eine Wohnung, auch im stets teurer werdenden Münchner Umland, nicht leisten kann."
„Können Sie mir den Sitzungsverlauf schildern?"
Kerstin nahm das Protokoll, das sie nach jeder Sitzung fertigte, als Erinnerungshilfe zur Hand und erläuterte: „Es gab schon gleich zu Anfang eine Diskussion darüber, ob man nicht lieber mit dem Punkt ‚Wer zahlt was?', so haben die Medianden das Thema Kindes- und Ehegattenunterhalt genannt, beginnen sollte, da der Ehemann erklärte, dass ein Auszug nur dann möglich sei, wenn er das nahezu alles zahlen würde, wozu er nicht bereit sei. Ich habe darauf hingewiesen, dass grundsätzlich alle Themen zusammenhängen und man zunächst gemeinsam überlegen könne, wie sich die Wohnsituation verändern solle, sodass beide Parteien und auch die Kinder sich damit wohlfühlen würden. Anschließend könne die Finanzierung besprochen werden. Grundsätzlich könne man auch umgekehrt vorgehen."
„Gute Formulierung."
„Danke. Die Entscheidung, das Wohnen als Erstes zu behandeln, fiel, nachdem die Ehefrau erklärt hatte: ‚Du weißt doch schon lange, Peter, wie unzufrieden ich mit der Wohnsituation bin. Es wäre hilfreich, wenn wir da auf einen gemeinsamen Nenner kommen könnten.' Ihr Mann hat dann gemurmelt, dass es einfach sei, Luftschlösser zu bauen, er aber bereits jetzt schon sagen könne, dass das an der Finanzierung scheitern würde. An dieser Stelle möchte ich Sie fragen, wann ich

auf welche destruktiven Bemerkungen eingehen soll und wann ich sie einfach durchgehen lassen soll."
„Das ist nicht so einfach", erklärte Rechtsanwältin Richelin. „Einesteils ist es hilfreich, wenn jede Seite ein wenig von ihrer Aggression loswerden kann, auf der anderen Seite kann es einfach zu viel und destruktiv sein und den Prozess blockieren. Ich glaube, ich hätte diese Bemerkung durchgehen lassen, weil die Ehefrau auf der anderen Seite den Erfolg verbuchen konnte, dass ihr Thema als Erstes besprochen wird."
„Wenn man so in Ruhe darüber nachdenkt, leuchtet mir das ein. Im Eifer des Gefechts entscheide ich mich intuitiv."
„Deswegen ist so eine Supervision, wie wir sie gerade machen, hilfreich. Man bespricht in Ruhe, wie die Sitzung gelaufen ist, und ist beim nächsten Mal entspannter und besser vorbereitet."
„Nur so wird man vermutlich besser, vielleicht habe ich mir in diesem Fall einfach zu viel zugemutet."
„Wie ist die weitere Sitzung verlaufen?"
„Wir haben dann mit den Interessen und Bedürfnissen für das Thema ‚Wer wohnt wo?' begonnen. Weil der Ehemann etwas sperrig war, habe ich ihn gebeten anzufangen. Es hat ein wenig gedauert, bis er verstanden hat, dass er nicht gleich Lösungen präsentieren soll, wie ‚alles so lassen wie es ist' oder ‚Großeltern und Enkelkinder nicht auseinanderreißen'. Ich habe jeweils nachgefragt, und dabei kam heraus, dass er möchte, dass die Familie weiterhin zusammenbleibt, weil ihm der Kontakt vor allem zu seinen beiden Jungs jetzt, in der Pubertät, besonders wichtig sei. Außerdem möchte er eine Lösung, bei der er seine Eltern nicht enttäuscht, die die Familie immer unterstützt haben."

Kerstin warf einen Blick in ihre Notiz: Auf dem Flipchart stand schließlich

- Ich möchte weiterhin viel Kontakt mit den Kindern
- die neue Lösung soll auch für die Großeltern verträglich sein sowie
- neue Wohnsituation muss finanzierbar sein
-

Es war nicht einfach gewesen, diese Punkte herauszuarbeiten."
„Weil beide Seiten zunächst keine Vorstellung davon hatten, was mit Interessen und Bedürfnissen eigentlich gemeint ist."
„Genau!", ergänzte Kerstin. „Deshalb war ich ja auch froh, dass ich bei dem Ehemann diesbezüglich überhaupt etwas herausbekommen habe. Anscheinend hatte ich bei meiner Arbeit die Ehefrau nicht genügend im Blick. Denn plötzlich schrie sie los: ‚So wie du das angehst, wird alles wieder beim Alten bleiben, ich werde noch als Großmutter in diesem Haus sitzen und deine Eltern werden nach wie vor täglich bei mir in den Kochtopf gucken, und meckern, wenn es wieder mal kein Fleisch gibt. Ich denke, das hier hat überhaupt keinen Sinn. Das mache ich hier nicht länger mit! Mein Anwalt hat mir erzählt, dass mir bei deinem Gehalt an Ehegatten- und Kindesunterhalt mindestens ein Betrag von zweitausenddreihundert Euro monatlich zusteht, dass ich mir für meine Teilzeittätigkeit die andere Steuerklasse holen soll, weil ich dann monatlich insgesamt viertausend Euro zur Verfügung habe und damit käme ich klar. Da brauche ich mich nicht damit zu befassen, wie wichtig es ist, dass es deinen Eltern bei unserer Trennung auch gutgeht. Sie fügte noch hinzu:

‚Es tut mir leid, Frau Bärenreuther, ich denke, Sie haben sich bemüht, aber Sie sehen doch, wie mein Mann ist. Ich gehe.' – Zum Glück ist mir noch ein schnelles ‚Stopp!' eingefallen. ‚Das ist interessant', habe ich gesagt, ‚das sollten wir uns anschauen.' Ich habe dann zunächst gewürdigt, dass die Ehefrau so lange zugehört hat, und ihr gesagt, dass es normal sei, dass die Mediation insbesondere am Anfang für beide Seiten anstrengend sei. Aber es ist mir nicht mehr gelungen, sie dazu zu bewegen, sich hinsichtlich ihrer Interessen und Bedürfnisse zu äußern. Ihr erschien der Weg, ihre Ansprüche mithilfe ihres Anwalts durchzusetzen, einfacher. Sie stand daher eine halbe Stunde vor Sitzungsende auf. Da ihr Mann anfing, ihr zu drohen: ‚Wenn du einen Rosenkrieg möchtest, kannst du ihn haben! Ich kann mir sicher die teureren Anwälte leisten!', bekam ich den Fuß nur noch so weit in die Tür, als wir besprechen konnten, dass beide Parteien sich innerhalb von vierzehn Tagen äußern würden, wie sie weiter vorgehen möchten. Auch ich habe angekündigt, mich vor Ablauf dieser vierzehn Tage noch schriftlich bei ihnen zu melden und ihnen meine Meinung, ob es Sinn macht, die Mediation fortzuführen, mitzuteilen. Jetzt weiß ich nicht so recht, was ich schreiben soll, Frau Kollegin. Und was habe ich falsch gemacht?"

In dem Moment wurden Quiche und Salate geliefert, die Kollegin Richelin lächelte verschmitzt und sagte: „Wollen wir nicht erst mal diese gut duftende Speise genießen? Das gibt mir auch die Möglichkeit, in Ruhe meine Gedanken zu sortieren."

Beide Frauen aßen überwiegend schweigend, nur unterbrochen von einem Austausch darüber, dass es alles schmackhaft sei und – wie Kerstin am Ende feststellte – die Portionen aber nicht so groß seien, dass sie nicht noch jeweils einmal Scones mit clotted cream und Erdbeermarmelade bestellen könnten.

Während sie auf die Nachspeise warteten, erklärte Rechtsanwältin Richelin:

„Eine Sache, die mir stets weiterhilft, ist an den Grundsatz zu denken: Die Medianten immer da abzuholen, wo sie gerade stehen. Meine These zur Eskalation aufseiten der Ehefrau ist, dass Sie ihre Wut und vermutlich auch Verzweiflung nicht ausreichend gewürdigt haben. So wie ich es sehe, hat der Ehemann ganz vernünftige Interessen und Bedürfnisse geäußert, mit denen man weiterarbeiten kann. Aber die Tatsache, dass die Großeltern bereits von Anfang an wieder mit einbezogen werden, scheint der Ehefrau zu viel zu sein. Sie reagiert darauf allergisch. Für eine Entspannung erscheint es mir hilfreich, dass die Großeltern vorerst aus der Mediation ausgeklammert werden. Das Ehepaar könnte dann den Fokus zunächst auf sich richten, anschließend auf die Kinder, und das ist etwas, was sie wohl schon längere Zeit nicht mehr, zumindest nicht ausreichend, gemacht haben."

„Stimmt!", erklärte Kerstin. „Auch ich fühle mich erleichtert, wenn ich diese Großeltern zunächst beiseiteschieben kann. Sie haben es gut gemeint, hängen aber inzwischen wie ein Damoklesschwert über dieser Ehe."

„Oder wie eine Klette daran. Es war einfach zu viel von ihnen."

„Jedenfalls für eine moderne Ehe."

„Früher haben meistens alle zusammengelebt."

„Aber da gab es andere finanzielle und wirtschaftliche Abhängigkeiten."

„Eine Zeit lang hat es auch hier gepasst."

„Aber jetzt passt es nicht mehr. Können Sie sich vorstellen, dass Sie so weiter vorgehen?"
„Ja", erklärte Kerstin, „es fühlt sich für mich einfacher an."
„Was werden Sie in diesem Fall jetzt unternehmen?"
„Ich werde die Parteien anschreiben, ihnen das Protokoll der letzten Sitzung zusenden und mitteilen, dass ich eine Supervision in Anspruch genommen habe, die mir deutlich gemacht hätte, dass zunächst Lösungen für die Kernfamilie gefunden werden müssten, und die Großeltern erst in einem zweiten Schritt mit einbezogen werden sollten, wobei ich davon ausgehe, dass die Groß- und Schwiegereltern mit den Lösungen gut zurechtkommen, wenn sie für das Paar an sich passen."
„Diesen Satz würde ich weglassen. Obwohl das stimmen kann, bin ich der Meinung, das wären Vorgaben von Ihrer Seite, die Sie vielleicht gar nicht machen sollten."
„Über das Ziel hinausgeschossen."
„Ein wenig."
Die Scones wurden serviert. Kerstin lächelte befreit.
„Ich glaube, die kann ich jetzt richtig gut genießen. Frau Kollegin, mir ist ein Stein vom Herzen gefallen. Ich sehe klarer. Wir hatten zwei Personen mit in der Mediation, die da gar nicht hingehören. Die Kinder sitzen zwar auch nicht mit am Tisch, aber die kann ich zu einem späteren Zeitpunkt mit einbeziehen."
„Sicher. Die beiden sind alt genug, um sich Ihnen gegenüber zu äußern."
Nachdem das letzte leckere Stückchen verputzt war, sah die Kollegin Richelin auf die Uhr: „Oh je, schon fast zwei Uhr, ich muss los. Es gibt noch so viel zu tun."

„Sie können gleich starten", erklärte Kerstin, „ich übernehme die Rechnung. Ich bin Ihnen zu großem Dank verpflichtet und wünsche Ihnen einen wunderbaren Urlaub."

„Den habe ich jetzt auch nötig. Aber nicht wegen Ihrem Fall", erklärte die Kollegin lachend, stand auf, bedankte sich für die Einladung und verabschiedete sich.

„Einen Urlaub hätte ich auch nötig", überlegte Kerstin. Im Grunde genommen war das Thema bereits die nächste Baustelle. Die Familie wollte drei Wochen mit ihr verreisen, und sie wusste genau, dass sie die Kanzlei nicht so lange unbeaufsichtigt lassen konnte. Aber sie versuchte, positiv zu bleiben, zahlte und freute sich darüber, dass zumindest ein Problem gelöst schien.

26. Kapitel

Zunächst fremdelte Robin ein wenig, als ihn anstelle von Helen seine Oma an der Wohnungstür empfing. Aber Anna hatte ihm einen kleinen Kipplader mitgebracht, der sich hin- und herbewegen ließ und, wie Robin bald herausgefunden hatte, durch Druck auf einen roten Knopf auf dem Führerhaus ein wunderbar lautes Signal von sich gab und mehrere kleine Warnlampen aufblinken ließ.
Die drei Frauen begrüßten sich und bewunderten Sarahs selbst gebackenen Apfelkuchen. Anschließend schlug Helen die Sahne und brachte Mineralwasser und Saftschorlen zum Balkontisch, während Mutter und Tochter sich bereits auf dem Balkon unterhielten. Zu dritt, und erst recht, als Robin noch dazu kam, wurde es fast ein wenig eng, aber die Sonne schien so wunderbar, dass es nicht infrage kam, sich in die Küche oder ins Wohnzimmer zu setzen.
Robin versuchte gerade, den Kipplaster über die Schwelle vom Wohnzimmer zum Balkon zu fahren, und scheiterte mehrmals, sodass Anna ihm schließlich half, das geliebte Stück ins Freie zu bekommen.
„Das Geräusch ist auf die Dauer schon ein wenig nervig", gab sie zu.
„Bei dem Krach, den die Zwillinge machen, wird das nicht auffallen", prophezeite Sarah lachend.
„Und, kommst du gut zurecht, wenn alle drei bei euch zu Hause sind?"
„Sie sind nur jede zweite Woche da. Aber nach einer Woche, muss ich zugeben, freue ich mich wieder darauf, wenn Robin und ich mehr Zeit für uns allein haben." Von der Zeit, die sie dann auch mit Rainer

gemeinsam hatte, wollte sie in Anwesenheit von Helen immer noch nicht sprechen.

„Belastend ist für uns nach wie vor, dass das Problem mit Elvira, der Mutter der Zwillinge, nicht geklärt ist. Sie möchte, dass wir die Kinder jetzt jeden Samstag übernehmen. Und das wäre mir eindeutig zu viel."

„Rainer sicher auch", gab Helen ausdrücklich zu bedenken, da sie es albern fand, dass sie beide ständig versuchten, seinen Namen zu vermeiden. Sie war längst über diese Beziehung hinweg. Oder etwa doch nicht? Sie musste zugeben, dass sie sich neulich bei dem Gedanken ertappt hatte, wie es wäre, wenn sie ihr Wohnungsproblem mit Rainer anstatt mit Stefan zu lösen hätte. In ihrer Fantasie war Rainer der Nachgiebigere der beiden. Stefan war eindeutig sturer. Aber das war doch eine gute Eigenschaft, so hatte sie sich selbst getröstet. Das ewige Hin und Her von Rainer, auch der Wiedereinzug bei seiner Ehefrau, wenn auch nur der Kinder wegen, hatte sie irritiert und letztendlich zur Trennung geführt.

Als ob Sarah ihre Gedanken erraten hätte, fragte sie: „Und? Gibt es schon was Neues zum Thema ‚Wo wollen wir wohnen'?"

„Bis auf die Übereinkunft, dass wir das alles bis auf die Zeit nach der Geburt verschieben, eigentlich nicht."

„Gleich nach der Geburt könnt ihr aber auch nicht loslegen", erklärte Sarah, „du weißt noch, wie beschäftigt wir beide damals mit dem kleinen Robin waren."

„Soll mir recht sein, denn eigentlich will ich hierbleiben."

„Gibt's denn hier im Haus nichts Größeres zu mieten?"

„Nein. Meine Wohnung ist mit ein paar gleichgeschnittenen eindeutig die größte."
Sarah dachte nach. „Weißt du, an was ich gerade denken muss? Ich bin das letzte Mal, als ich dich besucht habe, die Treppe hochgegangen und habe der sehr betagten Dame, die im zweiten Stock wohnt, geholfen, ihre Einkäufe hochzutragen. Eigentlich wollte sie meine Hilfe gar nicht annehmen, weil ich Robin ab dem ersten Stock auf den Arm nehmen musste und noch eine Tasche dabeihatte. Letztendlich konnte ich sie aber dazu überreden, und sie hat mir anschließend gesagt, dass ihr das Treppensteigen inzwischen sehr schwerfällt. Ich habe sie dann gefragt, ob sie sich ihre Einkäufe nicht liefern lassen könnte. Da hat sie zu mir gesagt: ‚Ach, Liebes, ich glaube, damit käme ich nicht zurecht. Ich möchte sehen, wie das Gemüse aussieht, das ich einkaufe. Wer weiß, was die einem da Verwelktes vorbeibringen.' Ich meine nur, vielleicht ist diese Wohnung langfristig nicht mehr für sie geeignet."
„Welche Wohnung meinst du? Die, wenn man die Treppe raufkommt, rechts?"
„Das ist vermutlich auch eine Zweizimmerwohnung", sagte Helen, „die neben mir ist auch eine Zweizimmerwohnung."
„Sicher wird eines Tages etwas frei werden, aber ich kann doch nicht bei dieser Frau klingeln und fragen, wann sie endlich ausziehen möchte."
„Nein, das kann man nicht", erklärte Anna entschieden. Damit war das Thema erledigt.
Anna und Sarah besprachen anschließend, was sie in der kommenden Woche gemeinsam unternehmen wollten. Ganz oben auf Annas Wunschliste stand der Tierpark Hellabrunn, der sie als Tierärztin besonders

interessierte, sowie ein Ausflug an den Starnberger See mit einer Schiffsrundfahrt.

„Wenn du möchtest, könnten wir mit dem Museumsschiff nach Bernried fahren, dort ist das Buchheim-Museum mit einem wunderbaren, ganz hohen Steg. Wenn du auf dem stehst, kannst du über den ganzen See sehen. Wenn man Glück hat, sieht man die Alpenkette. Vermutlich ist das Wasser auch warm genug, dass wir schwimmen können."

„Wäre so ein Museumsbesuch auch für Robin interessant?"

„Dort schon. Buchheim hat alles Mögliche gesammelt. Kunst aus anderen Kulturen, Impressionisten. Er war fasziniert vom Zirkus, sodass es auch ein Karussell und viel Buntes zu diesem Thema gibt. Außerdem kann Robin später am Ufer des Sees spielen."

Helen spürte, dass es ihr leidtat, an diesen Unternehmungen nicht teilnehmen zu können. Aber dafür erwarte ich ein Baby, überlegte sie, und strich wieder einmal über ihren Bauch. Außerdem war es gut, wenn Anna, Sarah und Robin einmal Zeit füreinander fanden.

Ihre Schwester war zehn Jahre älter als sie, also vierundfünfzig, und als Tierärztin in Hannover nach wie vor sehr beschäftigt. Sie hatte Helens Meinung nach immer zu viel gearbeitet. „Ich aber auch. Bis mich die Schwangerschaft ausgebremst hat."

Inzwischen hatte Sarah den Apfelkuchen und die Schlagsahne auf die Teller verteilt und die Getränke eingeschenkt.

„Sehr lecker", erklärte Anna, „mit Mandeln drauf."

Robin, der zunächst die Schlagsahne aufgegessen hatte, ohne etwas vom Kuchen zu probieren, besah sich die Mandelblättchen auf dem Kuchen mit Skepsis. Er

versuchte vorsichtig, sie mit den Fingern abzublättern und auf die Seite zu legen.
„Die kann man mitessen, Robin", erklärte seine Oma.
„Nein, nein, nein", beharrte der Kleine und schüttelte seinen Kopf. Schon ließ er die kleinen Blättchen vom Teller auf den Boden fallen und sah ihnen fasziniert zu, wie sie zu Boden trudelten.
„Das machen wir jetzt nicht", erklärte Helen, „sonst muss die arme Tante Helen wieder putzen."
Robin sah sie erstaunt an. „Du kannst mir aber alle deine Mandeln geben." Robin nickte und versuchte, die übrigen auf Helens Teller zu werfen. Alle mussten lachen.
„Das nächste Mal spare ich mir die Mandeln", erklärte Sarah, „das gibt nur Sauerei."
Plötzlich läutete das Telefon.
„Sorry", sagte Helen und hievte sich aus dem Stuhl. „Das könnte Stefan sein, der mitteilt, ob er heute Abend vorbeikommen kann."
„Warn ihn schon mal vor, dass ich da bin!", rief Anna ihr hinterher.
Helen hob den Hörer ab und hörte Kerstins Stimme: „Ich hoffe, ich störe dich nicht, aber ich muss mich ausheulen."
„Leg los", bot Helen an.
„Ich kam heute hochmotiviert in die Kanzlei, weil ich eine prima Supervision von der Kollegin Richelin in der Sache Meyerhofer erhalten habe, und da saß unsere fleißige Meggy wie ein Häuflein Elend, denn jetzt funktioniert überhaupt nichts mehr. Kein Telefon, kein Fax, kein Laptop, und erst recht kein Programm."
„So ein Mist!", erklärte Helen, die sich eben noch überlegt hatte, was eigentlich eine Supervision war. Seitdem sich ihre Kollegin in der Mediationsausbildung

befand, fielen ständig neue Begriffe. Aber das war jetzt nicht so wichtig.
„Woran liegt es denn?"
„Keine Ahnung."
„Was sagt Meggy?"
„Der ist das alles auch ein Rätsel."
„Wer könnte weiterhelfen?"
„Der Systemadministrator. Aber der kann erst übermorgen vorbeikommen."
„Gibt es nicht noch jemand anderen?"
„Ja, Meggy kennt noch jemanden, aber den hat sie bisher nicht erreicht."
„Kann ich irgendwie weiterhelfen? Soll ich Stefan fragen?"
„Nein, ich glaube nicht. Ich wollte nur mit jemandem reden. So einsam habe ich mich in der Kanzlei bisher noch nie gefühlt. Du bist nicht da, Frau Vogt ist nicht da, Meggy ist super, aber jetzt auch ratlos."
„Ich bin auch ratlos", sagte Helen, „aber vermutlich wird die Welt nicht untergehen, wenn wir zwei Tage nicht erreichbar sind."
„Aber einen guten Eindruck macht das auch nicht."
„Nein, das macht es nicht. Aber viele Kanzleien haben derartige Probleme."
„Ich höre Stimmen im Hintergrund. Du hast Besuch. Ich leg jetzt auf."
„Wenn mir noch was einfällt, rufe ich dich an."
„Danke", erklärte Kerstin.
Nachdem Helen Anna und Sarah die Neuigkeiten mitgeteilt hatte, erklärte Sarah: „Das hatten wir neulich auch. Zwei Tage totalen Systemausfall in der Redaktion. Ständig musste man ausprobieren, ob wieder was geht, und ein paar Daten waren danach weg."

„Deswegen arbeite ich mit Karteikarten."
Helen und Sarah sahen sie an: „Mit Karteikarten?"
„Für jede Kuh, die du behandelst?"
Helen musste lauthals lachen und sich dabei den Bauch halten. Sarah stimmte mit ein und Robin ließ sich von der Heiterkeit anstecken. Er patschte mit seinem Löffel in den noch vorhandenen Kuchenrest und war begeistert, dass er schön platt wurde.
„Das gibt es nicht", sagte Helen, „hast du gar nichts Digitales? Gibt es nicht Vorgaben von eurer Kammer?"
„Doch. Ich habe auch einen älteren Laptop. Aber ich schreibe nur einen Teil da hinein, und führe nebenbei immer noch Karteikarten."
„Wirklich? Für jede Kuh?"
„Nein. Für jeden Bauernhof", erklärte Anna. „Ja, ihr lacht, aber ihr seht, was dabei herauskommt, wenn man sich allein auf den elektronischen Kram verlässt."
„Heute muss ich dir leider Recht geben", erklärte Helen und alle lachten erneut.

27. Kapitel

Meggy saß zusammen mit ihrer Oma, die sie Nonna nannte, auf dem kleinen Südbalkon ihrer Wohnung und betrachtete nachdenklich das kleine Zitronenbäumchen, bei dem sowohl drei Blüten wie auch die erste kleine Frucht, allerdings noch hellgrün, zu sehen waren.
„Du wirst sehen, bald kannst du deine ersten Zitronen ernten."
„Dann werde ich ganz besonders an dich denken", versprach Meggy und legte ihre Hand auf die ihrer Großmutter. Sie fühlte einen kleinen Stich im Herz, denn bald würde sie mit ihrer Nonna zum Bahnhof fahren.
„Du musst nicht traurig sein", versuchte die alte Dame zu trösten. „Wir sehen uns in ein paar Wochen wieder."
„Dann helfe ich dir im Hotel."
„Aber nur ein bisschen. Weißt du, Anfang September wird es bereits etwas ruhiger, und ich habe inzwischen gute Kräfte eingestellt. Anderenfalls könnte ich das gar nicht schaffen."
„Ich bewundere dich, wie du das alles hinbekommst."
„Es wäre gut, wenn ich Unterstützung von deiner Mutter hätte, aber sie will partout in dieser Bäckerei bleiben, obwohl ich mir nicht sicher bin, ob sie dort ausreichend verdient."
Meggy versuchte, ihre Großmutter von diesem Dauerthema in der Familie abzulenken. Leider fiel ihr dafür nur ein weiteres Problem ein. „Wenn ich dich zum Bahnhof gebracht habe, fahre ich am besten nochmal in die Kanzlei", überlegte sie laut.

„Meinst du wirklich, dass du das allein hinbekommst? So wie ich das verstanden habe, ist das ein technisches Problem. Hast du nicht einen Freund von dir angerufen und um Hilfe gebeten?"
„Aber da war nur die Mailbox."
„Du könntest es noch einmal versuchen. Vielleicht hat der junge Mann gestern Abend gefeiert und schläft sich heute aus."
„Gute Idee. Das mache ich gleich."
Meggy stand auf, ging in die Küche und wählte erneut mit ihrem Smartphone die Nummer.
„Hallo … Was ist los?", fragte eine verschlafene Stimme.
„Hallo, Christian. Habe ich dich geweckt?"
„Ja."
„Tut mir leid. Ich habe dir gestern schon auf die Mailbox gesprochen."
„Habe ich nicht mitbekommen."
„Weißt du, ich bräuchte deinen Rat. Ich arbeite in einer Kanzlei. Dort wurde das neue Windows installiert. Aber jetzt funktioniert gar nichts mehr. Kein Fax, kein WLAN, kein Internet."
„Mist, aber du willst doch nicht, dass ich das richte?"
„Ehrlich gesagt schon."
„Was springt für mich dabei heraus?"
„Das kann ich dir noch nicht sagen. Ich denke, du müsstest es einmal ansehen, und je nachdem, wie lange du dafür brauchst, würde ich mit meiner Chefin reden."
„Aber nicht am Wochenende."
„Ehrlich gesagt, ich dachte an das Wochenende, die Kanzlei sollte am Wochenanfang wieder funktionieren."
„Verstehe. Aber da musst du dir jemand anderen suchen."

„Ach bitte!", bettelte Meggy.
„Nein. Auf keinen Fall. Aber wenn du willst, könnte ich am Montagmorgen um sieben Uhr mal nachsehen, bevor ich mich um acht Uhr auf den Weg zu meiner Arbeit mache."
Meggy bekam glänzende Augen. „Das wäre mega! Ich danke dir. Ich schreib dir die Adresse und sicherheitshalber auch die Telefonnummer. Wir sind im zweiten Stock."
„Das werde ich schon schaffen", murmelte Meggys Gesprächspartner und sie hatte den Eindruck, dass ihm bereits wieder die Augen zufielen.
„Danke, und denk dran, ich verlass mich auf dich!"
„Geht klar."
Meggys Nonna war inzwischen ebenfalls in die Küche gekommen, brachte die beiden benutzten Gläser mit und spülte sie sorgfältig ab.
„So, mein Liebes, wir müssen los."
„Sicher", pflichtete ihr Meggy bei und beide Frauen trafen die letzten Vorbereitungen für die Abreise.

28. Kapitel

Kerstin erschrak, als sie am Montagmorgen, für ihre Verhältnisse ungewöhnlich früh, kurz vor acht in der Kanzlei eintraf und dort eine männliche Stimme wahrnahm, die ungehalten vor sich hin schimpfte. Entschlossen ging Kerstin in den kleinen Nebenraum, in dem sich auch das Fax befand, und nahm zu ihrer Erleichterung dort auch Meggy wahr, die auf dem Boden kauerte und offensichtlich versuchte, den Kabelsalat auf dem Boden zu entwirren. Beschäftigt, wie die beiden jungen Leute waren, nahm auch Christian die Hereinkommende nicht wahr, und nachdem er empört geäußert hatte, dass er so ein Durcheinander schon lange mehr gesehen habe, wünschte Kerstin laut: „Guten Morgen." Meggy und Christian fuhren herum. „Grüß Gott, Frau Bärenreuther, das ist Christian. Ich konnte ihn dafür gewinnen, sich mit unseren technischen Problemen zu befassen, in der Hoffnung, dass er es ganz schnell hinbekommt."
Christian sah auf die Uhr. „Daraus wird wohl nichts", erklärte er, „ich muss in die Arbeit."
„Wir sind seit sieben Uhr hier", erläuterte Meggy, „aber außer dem Fax haben wir nichts zum Laufen gebracht."
„Geht das Telefon inzwischen?"
„Leider nein", erklärte Meggy, und Christian ergänzte: „Da müssen Sie sich an Ihren Provider wenden. Irgendwas stimmt da nicht."
„Bitte nicht", dachte Kerstin. An einem Montagmorgen in der Hotline bei ihrem Anbieter durchzukommen, erschien ihr nahezu unmöglich.

„Haben Sie eine Idee, woran es liegen könnte?",
wandte sie sich an Christian, der bereits seinen
Werkzeugkasten zusammenpackte.
„Keine Ahnung. Das WLAN funktioniert nicht, und
irgendwas ist nicht kompatibel. Vielleicht brauchen Sie
einfach ein neues. Sie haben wohl länger nichts
erneuert."
„Was bedeutet länger?"
„In den letzten fünf Jahren. Die Entwicklungen gehen
rasant. – Wie kann ich meine Rechnung stellen?"
Kerstin sah Meggy fragend an.
„Ich habe Christian gesagt, dass sich das regeln lässt,
und hoffe, dass Sie damit einverstanden sind, dass ich
diesen Auftrag gegeben habe. Die Sache hat mich das
ganze Wochenende beschäftigt. Ich habe versucht,
schnellstmöglich eine Lösung zu finden."
„Angenommen, der Techniker der Telekom hat sich
alles angesehen und wir haben einen neuen Router,
könnten Sie die Sache dann weiter betreuen, bis wir
alles am Laufen haben?"
„Kann ich schon. Aber natürlich immer erst nach
Dienstschluss, ab siebzehn Uhr."
„Dann schlage ich vor, dass Sie mit Ihrer
Rechnungsstellung warten, bis klar ist, ob wir Ihre
Arbeit erneut benötigen."
„Geht klar", murmelte Christian, nahm seine Jacke und
den Werkzeugkasten und schlurfte nach einem kurzen
„Man sieht sich" aus dem Zimmer.
Nachdem die Eingangstür ins Schloss gefallen war,
verstaute Meggy die Kabel ordentlich hinter dem
Schränkchen, auf dem sich das Fax befand, und stand
auf. Kerstin blieb daneben stehen.
„Meggy, Sie können nicht eigenmächtig Aufträge
vergeben. Wenn Sie etwas für dringlich halten, dann

rufen Sie mich an, Sie haben doch meine Handynummer."
„Habe ich nicht", konterte Meggy.
„Tut mir leid, dann nehme ich alles zurück und bitte Sie, sich eine der Visitenkarten, die am Desk liegen, zu nehmen."
„Darauf hätte ich auch selbst kommen können", gab Meggy zu und grinste schief.
„Auch wenn die Aktion nicht so erfolgreich war, trotzdem herzlichen Dank für Ihr Engagement und dass Sie so früh in die Kanzlei gekommen sind. Dafür können Sie eine Stunde früher gehen. Nachdem heute außer dem Fax nichts funktioniert, weiß ich sowieso nicht, wie ich Sie beschäftigen soll."
„Ich habe meinen Laptop mitgebracht", erklärte Meggy, „ein paar Diktate kann ich schreiben, und zu Hause drucke ich die Schreiben aus."
„Sie sind eine pfiffige junge Frau", musste Kerstin zugeben. „Was halten Sie davon, wenn wir beide uns erst einmal einen Kaffee machen?"
„Die Maschine ist an. Christian hat als Erstes auch einen gebraucht."
„Umso besser!"

Kerstin war um die kleine Kaffeepause froh gewesen, denn vor ihr lagen zwei Aufgaben, die ihr knifflig erschienen. Zuerst wollte sie Rechtsanwalt Dr. Troll erreichen, um zu verhindern, dass es in der Sache Bosch wieder einmal ein Vierergespräch mit beiden Anwälten und den Parteien geben würde. Sie wusste, dass ihrem Mandanten, Rainer Bosch, daran gelegen war, ein solches Gespräch zu vermeiden. Weiter hatte sie sich vorgenommen, das Schreiben an das Ehepaar Meyerhofer zu verfassen, um das Paar zu ermutigen, die Mediation fortzusetzen. Sie griff zunächst zu ihrem Handy, um Herrn Dr. Troll anzurufen. Immerhin machte ihr dort die Sekretärin Mut, dass sie Kerstin unverzüglich zum Gegenanwalt durchstellen könne. „Das ist gut", dachte Kerstin. Oft benötigten sie und Dr. Troll mehrere Anläufe, bis man sich endlich erreicht hatte.

„Troll", klang es laut an ihr Ohr.

„Schön, dass ich Sie erreiche, Herr Kollege", begann Kerstin. „Ich rufe an, weil ich auf mein letztes Schreiben trotz Fristsetzung keine Antwort erhalten habe. Ich möchte wissen, wie Sie sich in dieser Sache positionieren. Ihre Mandantin hat meinen Mandanten beim letzten Zusammentreffen darauf hingewiesen, dass sie die Änderung der Umgangsvereinbarung bei Gericht anhängig machen wird. Meiner Erfahrung nach dürfte dies dem Wohl der Kinder widersprechen, wenn die Zwillinge auch in Wochen, in denen sie nicht beim Vater sind, jeden Samstag von ihm betreut werden. Ich gehe daher davon aus, dass Sie Ihre Mandantin entsprechend beraten."

„Woher soll ich denn wissen, was dem Wohl der Kinder entspricht? Ich kenne die beiden doch gar nicht. Vielleicht sind die Samstage bei der Mutter stets langweilig, beim Vater dagegen eine Sensation."

„Herr Kollege, hier geht es um Kontinuität. Die Kinder leben das sogenannte Wechselmodell. Sie sind eine Woche beim Vater und eine Woche bei der Mutter. Und beide Kinder in diesen, ich nenne sie mal ‚Mutterwochen', samstags oder vielleicht schon gar Freitagabend zum Vater zu bugsieren, um sie dann am Samstagabend wieder zurückzuholen, dann am Sonntag bei der Mutter zu lassen und eventuell anschließend am Montag in die ‚Vaterwoche' zu

schicken, wäre für die Kinder doch sicher anstrengend. Ganz abgesehen davon, dass die Kinder ständig an ihre Sachen denken müssen, damit sie nichts vergessen."
„Aber meine Mandantin wünscht es eben. Sie hat auch keine andere Möglichkeit. Wie Sie wissen, hat sie noch keinen Job gefunden und möchte daher ihren Lebensgefährten als Yogalehrer bei seiner Arbeit unterstützen."
„Herr Kollege, erstens bezahlt mein Mandant nach wie vor Unterhalt an Ihre Mandantin. Außerdem ist Frau Bosch ausgebildete Dolmetscherin. Wenn sie in den Wochen, in denen sie nicht für die Kinder zu sorgen hat, als Dolmetscherin arbeiten würde, könnte sie wieder in den Beruf einsteigen. Es gibt nicht viele Eltern, die jede zweite Woche kinderfrei haben. Frau Bosch schon. Ihr Antrag bringt nur wieder Unruhe in die Familie. Wie Sie wissen, wirkt sich das auch immer auf die Kinder aus."
Am anderen Ende der Leitung war es still.
„Um ehrlich zu sein, meine Mandantin ist nicht ganz einfach."
„Das glaube ich Ihnen gerne. Allerdings wird sie Ihnen zuhören, wenn Sie ihr sagen, dass sie mit einem derartigen Antrag bei Gericht keinen Erfolg haben dürfte, denn das Gericht wird sich am Wohl der Kinder orientieren."
„Ich kann es versuchen", erklärte Dr. Troll und klang etwas schwach.
„Waschlappen", dachte Kerstin. Nur weil die Frau richtig gut aussieht und ziemlich penetrant sein konnte, muss der Kollege doch nicht gleich einknicken. Laut sagte sie: „Da wäre ich Ihnen sehr verbunden."
„Sicher, sicher", kam es gemurmelt von der anderen Seite.

„Bis wann meinen Sie, dass ich von Ihnen höre?"
„Diese Woche habe ich keine Zeit. Nächste Woche bin ich im Urlaub. Sagen wir mal Freitag in drei Wochen."
„Ich habe die Angelegenheit am Montag danach auf Wiedervorlage", sagte Kerstin, „und hoffe, dass Sie erfolgreich sein werden." Dann verabschiedete sie sich und dachte: „Na, geht doch."
Beflügelt von der Aussicht, dass diese Angelegenheit gut ausgehen könnte, nahm sie ihr Diktiergerät zur Hand und begann: „In der Sache Meyerhofer gegen Meyerhofer bitte folgende E-Mail an die beiden Adressen des Paares: ‚Sehr geehrte Frau Meyerhofer, sehr geehrter Herr Meyerhofer, ich komme zurück auf unsere letzte Sitzung, bei der wir besprochen hatten, dass ich …'"

29. Kapitel

Stefan stapfte müde die Treppen zu Helens Wohnung hinauf und blieb im ersten Stock auf dem Treppenabsatz stehen, da ihm zwei Arbeiter mit sperrigen Kartons entgegenkamen. Er nutzte die Gelegenheit, um sich mit einem Taschentuch die schweißnasse Stirn abzuwischen. Es war Ende Juli und für Münchner Verhältnisse mit 34 Grad ungewöhnlich heiß. Den ganzen Tag hatte er auf der Baustelle verbracht, auf der ein modernes Holzhaus entstand. Als Architekt und Bauleiter hatte er öfter Hand mit angelegt, wenn ein schweres Teil zu verrücken oder auszupacken war.

Als er Helens Wohnung erreichte, stieß er vor der offenstehenden Wohnungstür auf weitere Kartonagen, die ihm fast den Zutritt in den Flur versperrten. Stefan zwängte sich hindurch und fand Helen auf der Couch liegend vor.

„Was ist denn hier los?", fragte er, „ziehst du um, ohne es mir zu sagen?" Er ging zu ihr und küsste sie auf die Stirn. Helen grinste schief. „Nein, hier zieht jemand ein. Das sind die Babysachen für unser Kleines."

„Braucht ein kleines Kind so viele Möbel? Offensichtlich wurden riesige Kisten angeliefert."

„Da kommt schon einiges zusammen. Kinderbett, Wickelkommode usw."

„Sag bloß, ich soll das heute noch zusammenbauen?!", stöhnte Stefan, während er sich auf der Höhe von Helens Füßen auf die Couch plumpsen ließ. Er nahm ihre Füße auf den Schoß und begann sie zu massieren. „Heute sind deine Knöchel aber nicht geschwollen."

„Nein, ich habe mich brav und zurückhaltend verhalten. Bis elf Uhr war ich auf dem Balkon, jetzt ist es einfach zu heiß. – Möchtest du etwas zu trinken?"
Stefan schloss bei dieser Aussicht genüsslich die Augen: „Ein sehr kaltes Weißbier wäre gut."
„Ich kann dir ja Eiswürfel reinwerfen."
„Bloß nicht! Das verwässert den Genuss."
Helen entzog ihm ihre Beine und stand auf. „Ich hol dir eins. Und dann sehe ich nach, ob die Lieferanten alle Kartons in den Flur gestellt haben. Du musst nichts aufbauen. Ich habe mit Montage bestellt, aber die kommen erst in ein paar Tagen."
„Wohl dem, der eine kluge Frau hat", murmelte Stefan und nutzte den freigewordenen Platz, um sich längs auf dem Sofa auszustrecken.
Nachdem Helen ihm das Weißbier serviert hatte, nahm er gierig den ersten Schluck. Ein paar Minuten später – Helen hatte den Arbeitern die letzten Kartons in die Hand gedrückt, großzügig Trinkgeld gegeben und die Tür geschlossen – fand sie ihren Liebsten leise schnarchend auf dem Sofa. Da ihr Lieblingsplatz besetzt war, entschloss sie sich, erst einmal das neu eingerichtete Kinderzimmer in Augenschein zu nehmen. Das Mobile, das über dem Wickeltisch hängen sollte, ebenso wie die Wärmelampe, musste Stefan noch montieren, aber sonst war voraussichtlich in ein paar Tagen alles am richtigen Platz. Helen öffnete die Pakete am Rand und war zufrieden, dass alles in der richtigen Farbe geliefert worden war. „Bald kann ich mit dem Einräumen und Durchsortieren der Babysachen beginnen. Die gelieferten Bettbezüge sollte ich gleich mal waschen, und die Matratze werde ich über Nacht auf dem Balkon auslüften lassen." Bereits wieder ermüdet, setzte sie sich auf das Gästebett, das

sich ebenfalls im Kinderzimmer befand. Sie wollte es hier belassen, damit man notfalls auch einmal getrennt schlafen konnte, wenn das Baby besonders unruhig war. Insgesamt war sie mit dem Fortschritt bei der Einrichtung zufrieden, auch wenn kindgerechte Vorhänge und Bilder noch fehlten.
Mittlerweile war Stefan von seinem kurzen Nickerchen erwacht und leise zu ihr ins Zimmer getreten. Er setzte sich neben sie auf das Bett. „Sieht sicher bald gut aus", meinte er zufrieden. „Wo sind denn die Sachen meiner Schwester?"
„Das hier sind neue", musste Helen zugeben. „Bei den Sachen deiner Schwester war das eine oder andere kaputt, deswegen habe ich mich entschlossen, neue einzukaufen."
Stefan musste grinsen. „Und dabei hast du richtig Spaß gehabt, gib's zu."
„Ich kann es nicht leugnen."
„Das hast du gut gemacht. Für unseren kleinen Prinzen ist nur das Beste gut genug", erklärte er übermütig.
„Für unsere kleine Prinzessin auch", konterte Helen.
Sie hatten beide nach wie vor Spaß daran, sich mit ihren Vorstellungen vom Geschlecht des Kindes aufzuziehen, sodass sie bei der letzten Ultraschalluntersuchung auf die Frage der Ärztin, ob sie inzwischen das Geschlecht zu erfahren wünschten, beinahe ebenso entschieden wie der kleine Robin mit den Köpfen ein eindeutiges Nein signalisiert hatten.
„Nur noch sechs Wochen", seufzte Helen erleichtert, „in zwei Wochen kann ich damit aufhören, so übervorsichtig zu sein."
„Aber vorsichtig schon."
„Na klar, bald kann ich sowieso nur noch watscheln, und Kondition fehlt mir auch. Aber wir können dann

wieder ein paar Ausflüge machen. Zum Beispiel an einen See oder zum Schwimmen."
„Was hältst du davon, wenn wir das schon heute Abend machen? Wir fahren raus zum kühlen Feldmochinger See, du setzt dich dort auf eine Decke, ich hole dir ein Eis und gehe schwimmen."
„Eine fantastische Idee! Aber dort wird die Hölle los sein."
„Nicht, wenn wir spätabends hinfahren", erklärte Stefan, „dann kann ich sogar nackt baden."
„Kann man dort sowieso."
„Aber nicht direkt neben dem Parkplatz. Und es ist meine Absicht, dass du allenfalls ein paar Schritte gehst, bevor du dich auf die Decke plumpsen lässt."
„Guter Plan. – Mein Vorschlag: Ich mache uns einen leckeren Wurstsalat mit Zwiebeln und sauren Gürkchen, backe ein Baguette auf, dann essen wir genüsslich auf dem Balkon. Dort dürfte es langsam angenehmer werden. Und dann machen wir uns auf den Weg."
„Genau so! Vielleicht schlafe ich zuvor noch eine Runde", erklärte Stefan und streckte sich hinter Helens Rücken der Länge nach aus.
„Mach das."
Helen stand auf und während sie in die Küche ging, überlegte sie: „Wie schön ist es doch, zu zweit zu sein." Gestern war ihr aufgefallen, dass heute Nacht Vollmond sein würde. Der Mond war ihr besonders groß und leuchtend erschienen. Heute Nacht würde es wieder so sein. „Zumindest meine Füße werde ich im See kühlen", überlegte Helen, und dieser Gedanke gab ihr neuen Schwung.

30. Kapitel

Als Kerstin am Montagmorgen die Tür zur Kanzlei aufsperrte, hing ihr immer noch das Gespräch mit ihrem Mann vom Vortag nach, mit dem sie bis spät in die Nacht diskutiert hatte, weil sie uneins waren, ob Lisas derzeitige Kontakte problematisch waren oder nicht. Mark hatte drei Tage zuvor den Elternabend im Gymnasium seiner Tochter besucht und war dort von der Mutter ihrer Freundin Charlotte angesprochen worden: „Sie wissen schon, dass Lisa einen fünf Jahre älteren Freund hat? Diesen Arztsohn, ich weiß gar nicht, wie er richtig heißt, aber alle nennen ihn Spencer. Er ist anscheinend ein geübter Tennisspieler und Schwimmer und sieht wohl richtig gut aus. Meine Tochter Charlotte ist traurig, weil Lisa nun kaum Zeit für sie hat. So eine Liebelei kostet halt viel Zeit, habe ich ihr erklärt. Ich wollte es Ihnen einfach sagen. Nicht dass da noch etwas passiert. Ich bin mir sicher, dass dieser Spencer aufgrund seines Alters schon gewisse Erfahrungen hat und Ihre Tochter sich vielleicht auf Dinge einlässt, die sie später bereut."
Mark war froh, dass er, noch ehe er antworten sollte, zu dem Chemielehrer seiner Tochter gerufen wurde. Ihm war alles, was er soeben erfahren hatte, neu und er wollte erst einmal mit Lisa sprechen, bevor er sich anderen gegenüber ausließ. Allerdings spürte er bereits jetzt großes Unbehagen darüber, falls das Gehörte wahr wäre und er bisher überhaupt nichts davon mitbekommen hatte. Lisa hatte stets behauptet, mit ihren Freundinnen und einigen Bekannten in einer Clique unterwegs zu sein. Die Frage, ob Charlottes Mutter ihm eine richtige Auskunft gegeben hatte,

beschäftigte ihn daher so sehr, dass er dem Chemielehrer, der ihm sämtliche Benotungen aufzählte, nur mit halbem Ohr zuhörte. Der Chemielehrer versuchte gerade zu belegen, dass Lisa ein kluges Mädchen sei und seiner Ansicht nach von einer Vier leicht auf eine Drei oder sogar eine Zwei kommen könne, wenn sie sich nur etwas mehr anstrengen würde.
Mark unterbrach die Ausführungen des Lehrers mit der Frage: „Kennen Sie einen jungen Mann, der sich Spencer nennt?"
„Aber sicher", erklärte der Chemielehrer, „das war einer unserer bekanntesten Womanizer. Gutaussehend. Den Rest können Sie sich ja denken."
„Nein, kann ich mir nicht", sagte Mark.
„Ein Angeber halt", rutschte es dem Chemielehrer heraus, „aber mehr möchte ich darüber nicht sagen. Er hat hier letztes Jahr Abitur gemacht und ist daher nicht mehr an unserer Schule. Warum?"
„Ach nur so", erklärte Mark und kam sich dabei selbst nicht besonders glaubwürdig vor. „Eine Mutter hat mir etwas über den jungen Mann erzählt. Er gehört offensichtlich zum Bekanntenkreis meiner Tochter."
„Die Mädels interessieren sich nicht für die Gleichaltrigen, sondern für die älteren Jungs."
Jetzt war es an Mark, das Thema zu wechseln. „Haben Sie einen konkreten Vorschlag, mit was Lisa sich befassen sollte, damit sie ihre Bewertung in Chemie verbessert?"
Der Chemielehrer begann erneut mit seinen Ausführungen.
Als er nach Hause kam, hatte Mark eigentlich vorgehabt, zuerst mit seiner Tochter und dann mit Kerstin zu sprechen, aber er fand an den Kühlschrank

geheftet nur eine kurze Notiz von Lisa vor, dass sie unterwegs sei und bis zweiundzwanzig Uhr wieder zu Hause. Er erzählte daher Kerstin von dem Elternabend und was er sonst noch erfahren hatte. Auch Kerstin war ein bisschen schockiert.

„Meinst du, Lisa hat inzwischen einen festen Freund und wir haben nichts davon mitbekommen?"

„Hat sie mal jemanden mitgebracht?"

„Nicht, dass ich wüsste. Wie oft ist sie denn eigentlich nachmittags und am Abend weg?"

„An den Nachmittagen sicher dreimal die Woche. Und abends, na ja, auch immer mal wieder, besonders am Wochenende. Das solltest du aber auch mitbekommen haben."

Kerstin ärgerte sich. Was sollte der Vorwurf? Musste sie Mark tatsächlich darauf hinweisen, wie schwierig gerade die Situation in der Kanzlei war und dass sie oft bis neunzehn Uhr gearbeitet hatte und dann erst kurz vor zwanzig Uhr zu Hause angekommen war?

„Dann werden wir wohl ein ausführliches Gespräch mit unserer Tochter führen. Ich kann nur hoffen, dass sie pünktlich ist, denn ich bin müde und will nicht allzu lange aufbleiben."

„Sollte es sich bewahrheiten, dass unsere Kleine wirklich einen festen Freund hat, dann möchte ich dich bitten, noch einmal ausführlich mit ihr das Thema Verhütung zu besprechen. Ich habe keine Lust, schon jetzt Großvater zu werden", erklärte Mark.

„Oh Gott", dachte Kerstin, „das sind Dimensionen, die ich mir heute Morgen noch gar nicht vorstellen konnte. Meine Kollegin bekommt ein Kind und ich kann schon Großmutter werden."

Laut behauptete sie: „Das werden wir zu verhindern wissen."

„Gut, das ist Frauensache."
Kerstin war empört: „Das ist nicht nur Frauensache. Das ist genauso auch Männersache. Kinder entstehen nicht von allein."
„So habe ich das nicht gemeint", versuchte Mark zu beschwichtigen, „ich meine nur, du hast mehr Erfahrung, welche Verhütungsmethode usw."
„Allerdings", dachte Kerstin, „das bleibt doch meistens an uns Frauen hängen."
„Sollte sich die Situation bewahrheiten, dann bin ich dafür, dass wir als Familie drei Wochen lang gemeinsam verreisen, damit das Mädel mal auf andere Gedanken kommt."
„Nicht das auch noch!", dachte Kerstin, die sich nicht vorstellen konnte, in der derzeitigen Situation die Kanzlei drei Wochen allein zu lassen. „Du weißt, dieses Jahr befinde ich mich in einer besonderen Situation. Das geht nicht so einfach."
„Als ob es keine Vertreter für Anwaltskanzleien gäbe."
„Das Thema hatten wir doch schon", sagte Kerstin, „ich bin der Meinung, dass mindestens eine Person in der Kanzlei sein sollte, die sich auskennt."
„Frau Vogt kommt doch nächste Woche zurück."
„Aber sie kommt erst am Montag darauf wieder in die Kanzlei, und eine Sekretärin allein kann den gesamten Betrieb nicht führen. Ich denke, du solltest drei Wochen mit den Kindern wegfahren und ich komme in der ersten und in der dritten Woche jeweils ein paar Tage dazu. Was hältst du vom Camping am Gardasee?"
„Dort ist es im Sommer vollkommen überfüllt."
„Dann eben in der Toskana. Ich komme eine Woche mit und fahre dann zurück, die dritte Woche verbringen wir im Garmisch-Partenkirchen bei meinen Eltern."

„Ob das so entspannend wird …"
„Wird es! Wenn wir uns entspannen", sagte Kerstin.
„Und was sollen wir da machen?"
„Zum Beispiel wandern."
„Kannst du dir vorstellen, Lisa sieben Tage lang zu motivieren, auf einen Berg zu klettern?!"
„Jetzt mach es nicht so kompliziert. Man kann auch am Eibsee baden gehen, einmal wandern, wunderbare Touren über den Eckbauer, herausfordernde über die Höllentalklamm, da würde mir schon was einfallen."
Letztendlich hatte die Diskussion, wie auch die anderen vorher, ohne Ergebnis geendet. Kerstin war bewusst, dass sie langsam an ihre Grenzen kam. Sorgen und Uneinigkeit in der Familie, große Herausforderungen im Beruf und irgendwie das Gefühl, dass alles ständig komplizierter wurde, obwohl sie jeden Tag ihr Bestes gab, machten ihr zu schaffen.
Meggy begrüßte sie beim Eintritt in die Kanzlei freundlich. Inzwischen funktionierte auch das Internet wieder und Kerstin war am letzten Freitagnachmittag bereits in die Segnungen der neuen Programme eingearbeitet worden. Sie hatte rasch erfasst, dass sich dadurch ganz erhebliche Vorteile hinsichtlich der Abrechnungen, des Zugangs zu Fundstellen, der Berechnung von Prozesskostenrisiken, der Erfassung von Wiedervorlagen, Zinsberechnungen und noch vielem anderen ergaben. Sie hatte mit Meggy vereinbart, dass, wenn Frau Vogt in der übernächsten Woche wieder im Hause wäre, sie diese eine Woche lang ebenfalls einarbeiten und bei der Umstellung unterstützen würde.
Nachdem sie sich ein Glas Wasser geholt hatte, setzte Kerstin sich an den Schreibtisch und war beglückt, ein Schreiben von Herrn Rechtsanwalt Troll vorzufinden,

wonach Frau Bosch sich mittlerweile dazu durchgerungen hatte, ihren Ex-Mann nur darum zu bitten, die Betreuung der Kinder nur an einem Samstag im Monat zu übernehmen, weil sie da einen sogenannten Fortgeschrittenen-Yoga-Power-Kurs mit ihrem Lebensgefährten gemeinsam durchführen könne.

„Ich hoffe, dass mein Mandant sich auf diesen Kompromiss einlässt", wünschte sich Kerstin, „dann hätten wir dieses lästige Thema vom Hals, ohne dass ich mich wegen dieser Umgangsfragen erneut mit Rechtsanwalt Troll und beiden Parteien zusammensetzen muss." Aus Erfahrung wusste sie, dass es in einer Besprechung nicht bei dem Thema Betreuung der Zwillinge bleiben, sondern von Frau Bosch erneut das Thema Unterhalt angesprochen würde. Nachdem diese Frau offensichtlich keine Anstalten machte, in ihren Ursprungsberuf als Fremdsprachensekretärin zurückzukehren, befürchtete Kerstin, dass sie ihrem geschiedenen Mann bald wieder vorrechnen würde, dass ihr der vereinbarte Unterhalt nicht ausreichen würde.

Kerstin machte sich daran, Herrn Bosch gleich per E-Mail zu benachrichtigen.

31. Kapitel

Plötzlich war ein Gewitter aufgezogen und hatte Helen von ihrem Balkon vertrieben. Sie hatte gerade noch sämtliche Gegenstände, unter anderem die Polster von den Stühlen und ihrem Lieblingsplatz, dem Liegebett, entfernen können, als die ersten Regentropfen fielen und kurz darauf bereits heftiger Regen niederprasselte, der von Böen gepeitscht bis an das Wohnzimmerfenster schlug.
„Ich habe das Gewitter gar nicht kommen hören", überlegte Helen. „Vermutlich habe ich doch längere Zeit geschlafen."
Inzwischen war sie in der fünfunddreißigsten Schwangerschaftswoche und besonders, wenn es heiß war, häufig müde. „Aber nächste Woche ist Schluss mit dem faulen Leben", nahm sie sich vor, als sie es sich auf der Couch bequem machte und über ihren, wie sie fand, gewaltigen Bauch strich. Sie war zufrieden, dass sie heftiges Strampeln wahrnahm, und sagte: „Genau. Nächste Woche werde auch ich meine Beine wieder bewegen. Dann gehen wir beide aus."
Sie überlegte gerade, was sie mit dem restlichen Nachmittag anfangen wollte, als ihr einfiel, dass ihre Nichte Sarah aufgrund des Gewitters wohl mit Robin inzwischen zu Hause war und sich damit die Gelegenheit bot, ihr die neueste Neuigkeit mitzuteilen. Helen fasste auf den Couchtisch neben sich und zog ihr Smartphone heran. „Es wird Zeit, dass die Welt erfährt, was mir gestern Abend Schönes passiert ist", entschied sie, während sie die Nummer wählte.

„Hallo, Rainer Bosch", meldete sich kurz darauf eine Stimme.
„Hallo, Rainer, wie geht es dir?"
„Gut. Und dir? Ist mit der Schwangerschaft alles okay?"
„Ja, sicher, abgesehen davon, dass ich schon Wochen auf meiner Couch verbringe, ist alles bestens."
„Das ist dir sicher nicht leichtgefallen."
„Anfangs nicht. Aber inzwischen bin ich richtig faul geworden."
„Kann ich mir bei dir gar nicht vorstellen", sagte Rainer lachend. „Möchtest du Sarah sprechen?"
„Gerne. Wenn sie Zeit hat? Ich habe Neuigkeiten", rutschte es Helen heraus.
„Bekommst du Zwillinge?"
„Nein. Ich denke, das wüsste man längst."
„Sorry. Das war nicht gerade geschickt von mir", gab Rainer zu, „ich bin immer ein wenig verlegen, wenn wir uns sprechen."
„Ich auch", gab Helen zu, „aber eigentlich müsste das jetzt nicht mehr sein. Du bist glücklich mit Sarah, und auch mir geht es mit Stefan wirklich gut."
„Das freut mich", sagte Rainer und es klang ehrlich.
„Klar, das entlastet dein schlechtes Gewissen."
„Dass du immer so direkt sein musst."
„So bin ich halt. Vermutlich hat mich der Beruf geprägt. Das ewige Kontern."
„Ich hoffe, dass wir beide im Umgang miteinander wieder lockerer werden."
„Na, locker waren wir damals schon. Aber sorry, ich weiß natürlich, was du meinst", gab Helen zurück.
„Ich gebe dir Sarah."
„Danke."

Anschließend hörte Helen das Geplapper von Robin im Hintergrund und Rainer, der sagte: „Komm mal mit, kleiner Mann, Mama muss telefonieren. Wir beide essen jetzt mal was."

Dann hörte sie Wasser plätschern und anschließend Sarah, die sagte: „Hallo, Helen, ich musste mir erst mal die Hände waschen. Man, bin ich froh, wenn dieses Kind endlich aus den Windeln raus ist. Langsam habe ich genug davon gewechselt."

Helen musste lachen. „Und bei mir geht's bald erst richtig los."

„Ja klar, aber du bekommst ein süßes Kleines, und nicht so einen sandigen Schmutzfink."

„Robin ist auch süß."

„Sicher, ich wollte nur ein bisschen jammern. Aber deswegen rufst du sicher nicht an."

„Nein. Ich habe Neuigkeiten!"

„Darf ich raten? Du bekommst Zwillinge?"

Helen lachte. „Das hat Rainer auch schon gefragt. Fällt euch denn gar nichts anderes ein?"

„Du hast das Wohnproblem gelöst."

„Mitnichten. Wir haben es nur verschoben."

„Mach es nicht so spannend!"

„Doch! Ich hole weit aus: Gestern Abend war es doch sehr schwül. Deshalb hat Stefan vorgeschlagen, abends zum See zu fahren. Ich habe mich dort auf eine Decke gesetzt und nur die Beine ins Wasser gehalten. Es war eine romantische Vollmondnacht, und auch als es dunkler wurde, war es immer noch wunderbar warm. Wir lagen dann auf der Decke, guckten in den Himmel, konnten immer mehr Sterne erkennen. Stefan hat meine Hand genommen und gesagt: ‚Liebe Helen, ich habe eine Frage: Kannst du mich mal ansehen?'

‚Wenn es sein muss', habe ich gemurmelt und mich vermutlich nicht allzu elegant auf die Seite gewälzt. Stefan hatte einen besonders intensiven und liebevollen Blick. ‚Helen, ich möchte dich fragen, ob du mich heiraten möchtest. Ich habe jetzt keinen Ring und solchen Kram dabei. Ich hoffe, du bist nicht böse, wenn ich nicht knie, aber du liegst auch, und ich meine es wirklich ernst.'
Sarah, ich konnte gar nichts sagen. Ich war vollkommen platt. – Stefan hat immer gestresster geguckt. Dann habe ich zu ihm gesagt: ‚Reg dich nicht auf, ich bin nur vollkommen überrascht.'
‚Liebst du mich?', hat er gefragt.
‚Ja, das tue ich.'
‚Siehst du dann einen Grund, warum wir nicht heiraten sollten?'
‚Nein.'
‚Könntest du dann nicht einfach *Ja* sagen?'
‚Ja', habe ich gesagt. Daraufhin mussten wir beide lachen. Und dann ging alles gut weiter."
"Kannst du bitte etwas genauer werden?"
"Wir haben uns geküsst, und Stefan hat wunderschöne Kristallgläser und alkoholfreien Sekt, schön kalt aus einer Kühlbox im Auto, geholt und außerdem hatte er doch einen wunderschönen Ring für mich. Er hat gemeint, er wollte nicht, dass ich ihn nur wegen des Rings heirate. Es ist der abgeänderte Ring seiner Mutter, den sie von seinem Vater anlässlich Stefans Geburt bekommen hat. Das finde ich sehr rührend. Im Nachhinein war ich so mitgenommen, dass ich weinen musste. Du weißt, Schwangere sind dafür besonders anfällig."
"Helen! Ich freue mich so für dich. Heiraten! Du lieber Himmel! Wann und wo soll das stattfinden?"

„Das ist jetzt wirklich ein Knaller. Stefan hat es geschafft, am achtundzwanzigsten August noch einen Termin beim Standesamt in der Mandlstraße zu bekommen. Die sind doch immer ausgebucht, aber ein befreundeter Handwerker hat ihm diesen Termin verschafft. Er hatte dort vor Kurzem bei einer notwendigen Reparatur ausgeholfen und sie haben ihm als Dank dafür einen Termin mitgeteilt, der von einem anderen Paar abgesagt worden war."
„Eine Absage", bedauerte Sarah, „das arme Paar."
„Soweit ich gehört habe, wollten sie aus irgendeinem Grund doch in einer anderen Stadt heiraten."
„Also nichts Schlimmes."
„Nein. Hättest du Zeit und Lust, meine Trauzeugin zu sein?"
„Oh Helen! Natürlich! – Was soll ich anziehen? Was wirst du anziehen?"
„Keine Ahnung. Vermutlich ein Zelt, in das ich oben ein Loch hineinschneide."
„Kann ich mir bei dir nicht vorstellen."
„Ganz so schlimm wird es nicht werden. Ich darf nächste Woche wieder losziehen, und dann werden mein Bauch und ich das schickste Hochschwangerenkleid auftreiben, das es gibt. Aber nicht in Weiß. Das trägt auf."
„Helen, ich bin ganz platt. Das sind wunderbare Nachrichten. Darf ich es Rainer erzählen?"
„Natürlich! Er ist auch eingeladen, und die ganze Kanzlei soll anrücken. Die Trauung ist um fünfzehn Uhr, anschließend gehen wir zum Kaffeetrinken und Abendessen ins Seehaus im Englischen Garten. Die haben uns dort einen Raum reserviert. Wenn es schön ist, können wir auch draußen sitzen. Von Stefans Seite kommen noch ein paar Verwandte, und wenn ich

Glück habe, auf unserer Seite noch deine Mutter. Ich glaube, das reicht auch. Es soll kein Stress werden."
„Wie kann ich dich bei den Vorbereitungen unterstützen?"
„Hättest du Freude daran, zusammen mit mir das Brautkleid auszuwählen?"
„Auf alle Fälle! Ich sehe dich schon auf so einem Tönnchen stehen und du drehst dich, mit Schleier usw."
„Ja sonst noch was." Helen musste lachen. „Nächsten Freitag?"
„Gerne. Ich komme zu dir und hole dich ab. Und zwar ohne Robin. Hochzeitskleiderkauf ist reine Frauensache."
„Euch noch einen schönen Abend", wünschte Helen und legte auf. Sie musste schließlich noch Kerstin anrufen.

32. Kapitel

Beschwingt ging Kerstin in ihrem geblümten Sommerkleid vom S-Bahnhof kommend über den Viktualienmarkt, der bereits die ersten Kunden empfing. Am letzten Blumenstand, kurz vor der Frauenstraße, die sie auf dem Weg zur Kanzlei noch überqueren würde, blieb sie stehen und bewunderte die reiche Auswahl.
„Wie soll man sich da entscheiden?", dachte sie, während sie die lange Reihe mit Schnittblumen abschritt. Schließlich entschied Kerstin sich für einen Wiesenblumenstrauß, mit dem sie Frau Vogt heute an ihrem ersten Arbeitstag begrüßen wollte.
Während die Blumen eingewickelt wurden, spürte Kerstin deutlich, wie sehr sie sich auf Frau Vogt freute. Sie war mit Meggy bisher, abgesehen von den Tagen ohne Internet, zufrieden gewesen, aber sie war noch sehr jung. Eine vertraute Beziehung wie mit ihrer langjährigen Rechtsanwaltsfachkraft würde sich nicht so schnell ergeben.
Kerstin war gespannt, was Frau Vogt erzählen würde. Sie hatte sich vorgenommen, beide Frauen mittags zu einem Getränk und Würstel mit Kraut und Semmeln auf dem Viktualienmarkt einzuladen. „Dann gewöhnt sich Frau Vogt gleich wieder an das bayerisch-deftige Essen", überlegte sie schmunzelnd, während sie die Treppen zur Kanzlei hochstieg.
Sie war erstaunt, als ihr nach dem Öffnen der Kanzleitür ein aufgeregter Wortwechsel entgegenschallte. „Dann muss man sich halt mal damit befassen", erklärte Meggy gerade energisch. Als Kerstin

näher kam, erkannte sie auch Frau Vogt, tief über die Tastatur am Empfang gebeugt.
„Alles umgestellt! Aber wirklich alles!", hörte sie Frau Vogt schimpfen. „Und wo ist eigentlich das Fax?"
„Wir haben jetzt ein neues Gerät, das ist Drucker, Scanner und Fax gleichzeitig."
„Was soll das bedeuten, gleichzeitig? Entweder ich drucke oder faxe oder ich … Was war das dritte?"
„Sie können sämtliche Dokumente mit diesem Gerät einscannen und dann als Anhang zu einer Mail versenden."
„Und warum sollte ich das machen?", kam es trotzig zurück.
„Weil Sie die Dokumente dann nicht mehr per Post senden müssen."
„Aber ich kann es doch faxen."
„Das kommt langsam aus der Mode."
„Mode hin oder her. Solange die Kanzlei ein Fax hat, kann ich es doch faxen!"
„Ja. Schon. Aber dafür brauchen Sie wieder Papier, um den Faxbericht auszudrucken …"
„Das eine Blatt! Wen stört das schon!"
Meggy richtete sich auf und sah Frau Vogt herausfordernd an: „Ich kann verstehen, dass die Rückkehr aus einem schönen, langen Urlaub nicht so einfach ist und ich bin gerne bereit, Ihnen alles in Ruhe zu zeigen, und hoffe, Sie überzeugen zu können, dass es letztendlich zu einer Arbeitserleichterung führt."
„Ich brauche gar keine Erleichterung. Ich bin immer gut zurechtgekommen."
„Wie schön für Sie", seufzte Meggy, die offensichtlich am Ende ihrer Geduld war, tief durchatmete und aufblickte, sodass sie ihre Chefin wahrnahm.

„Guten Morgen, Frau Bärenreuther", sagte sie lächelnd. „Frau Vogt ist bereits dabei, sich einzuarbeiten."
Frau Vogt fuhr hoch: „Grüß Gott, Frau Bärenreuther. Tut mir leid, ich habe Sie gar nicht hereinkommen hören."
„Das macht doch nichts. Sie waren eben beschäftigt. Herzlich willkommen zurück, Frau Vogt! Ich freue mich sehr, dass Sie wieder da sind!", erklärte Kerstin noch ein wenig strahlender, als sie es vorgehabt hatte, und überreichte Frau Vogt die Blumen.
„Wunderschön!", rief diese aus. „Wo haben Sie die bloß her! Solche Wiesenblumen habe ich zuletzt oben in Garmisch am Eckbauer gesehen."
„Ich habe extra heimische Blumen ausgewählt, und hoffe, dass Sie wieder gerne nach Hause kommen, auch wenn Sie einen schönen Urlaub hatten."
„Es war ganz wunderbar. Aber das habe ich Ihnen doch alles geschrieben."
„Bis jetzt haben wir nur Ihre Karte aus New York erhalten."
„Und aus der Karibik noch gar nichts? Ich habe zwei geschrieben, zuletzt von Roatan, einer kleinen Insel in Honduras, und einmal auch aus Belize."
„Die Post von dort dauert wohl eine Weile", überlegte Kerstin laut.
„Wenn die Karten überhaupt ankommen", gab Meggy zu bedenken und erntete dafür erneut einen unfreundlichen Blick von Frau Vogt.
„Wir würden gerne mehr über Ihre Reise erfahren und dazu möchte ich Sie beide heute zum Mittagessen in den Biergarten auf dem Viktualienmarkt einladen."
Die Angesprochenen nickten begeistert.
„Wäre es recht um dreizehn Uhr?"

„Sicher", erklärte Meggy, „jederzeit."
„Frau Vogt, ich habe Meggy gebeten, noch eine Woche bei uns zu bleiben, um Sie mit all unseren Neuerungen, die inzwischen auch funktionieren, vertraut zu machen."
„Ich wollte auch noch etwas mit Ihnen besprechen", sagte Frau Vogt, „wenn Sie vielleicht heute kurz Zeit für mich hätten?"
„Selbstverständlich", erklärte Kerstin, „ich sehe erst mal die E-Mails durch …"
„… und vielleicht das Fax, das ich Ihnen auf den Schreibtisch gelegt habe?"
„…danach melde ich mich bei Ihnen, Frau Vogt", ergänzte Kerstin.
„Es gibt also doch noch Leute, die ein Fax benutzen", überlegte sie, während sie die Tasche neben ihrem Schreibtisch abstellte. Das Schreiben kam von der Staatsanwaltschaft mit der Mitteilung, dass Kerstin die Ermittlungsakte einsehen oder sich gegen Gebühr zusenden lassen könne. Kerstin war sehr zufrieden damit, dass ihre Mandantin, Frau Neumann, sich endlich dafür entschieden hatte, mithilfe der Kanzlei Strafanzeige gegen den vermutlich gutverdienenden Schönheitschirurgen zu stellen. Helen und Kerstin hofften, dass nun Bewegung in diesen Fall käme und Herr Dr. Neumann sich nicht weiter darauf berufen würde, dass er leider kein Einkommen hätte.
Nachdem Kerstin ihre E-Mails durchgesehen hatte, bat sie Frau Vogt zum Gespräch. „Können wir uns die Schilderungen Ihrer Reise zum Mittagessen aufsparen und gleich auf den Punkt kommen?", fragte sie.
„Unbedingt", erklärte Frau Vogt, „anderenfalls würde ich anfangen zu schwärmen und Sie kämen heute Vormittag zu gar nichts mehr. – Warum ich Sie

sprechen wollte: Mein Mann und ich haben uns während der Urlaubsreise überlegt, dass es schön wäre, wenn wir auch unter der Woche etwas mehr Zeit füreinander hätten. Sonst arbeite ich die ganze Woche über und an den Wochenenden ist mein Mann häufig als Fußballtrainer für seine Jugendmannschaft beschäftigt. Ich habe mir daher überlegt, ob es möglich wäre, dass ich Teilzeit arbeite. Am besten entweder zweieinhalb Tage in der Woche oder jeweils halbtags."
„Das kommt jetzt überraschend, Frau Vogt. Sie wissen, wie sehr die Kanzlei auf Sie angewiesen ist."
„Ich habe mir schon gedacht, dass Sie nicht begeistert sein werden. Vielleicht könnte die junge Dame in der übrigen Zeit tätig werden."
„Das kann ich nur zusammen mit Frau Binz entscheiden. Sie wird diese Woche in der Kanzlei vorbeikommen, weil sie jetzt nicht mehr so vorsichtig sein muss."
„Aber wenn Sie Meggy behalten möchten, dürfen Sie nicht zu lange zögern. Ich habe vorhin mitbekommen, dass sie bereits einen Rückruf von einer anderen Kanzlei bekommen hat. Es ist verständlich, dass sie sich zwischenzeitlich beworben hat."
„Dann machen wir doch erst einmal aus, dass Sie uns so lange in Vollzeit erhalten bleiben, bis wir eine gute Lösung gefunden haben."
„Selbstverständlich. Etwas anderes käme für mich gar nicht in Betracht", erklärte Frau Vogt, während sie aufstand.
„Gut", erklärte Kerstin, „und heute Mittag gibt es Ihren Reisebericht!"
„Sehr gerne!"

33. Kapitel

Als Kerstin an diesem Abend nach Hause kam, war sie heiter gestimmt. Das gemeinsame Mittagessen hatte die drei Frauen in gute Laune versetzt und die gereizte Stimmung zwischen Frau Vogt und Meggy war verflogen. Nachdem sie alkoholfreies Bier und Bratwürste mit Kraut und Meggy auch noch Pommes bestellt hatten, begann Frau Vogt vergnügt mit ihrem Reisebericht. Während die Würstl geschnitten und in Senf getunkt wurden, fuhren die drei Frauen in ihrer Fantasie nach einem Kurzbesuch in New York mit einem komfortablen Kreuzfahrtschiff die Ostküste der USA hinunter, machten Station in Washington und Miami, besuchten die Bahamas und Belize und kamen schließlich auf die Karibikinsel Roatan, die zu Honduras gehört. Dort hatten die ausführlichen Besichtigungen mit Reiseleiter ein Ende und Frau Vogt und ihr Mann hatten sich dem Strandleben hingegeben. Zu ihrer Begeisterung waren dort sämtliche Meeresfrüchte einschließlich Hummer nicht teuer und nach ein paar Tagen hatten sie für sich auch den guten Rum entdeckt. An diesem Punkt angekommen, hatte Frau Vogt zwei kleine Fläschchen aus ihrer Tasche gezogen und an Helen und Meggy verschenkt.

„Den müssen Sie einmal abends in Ruhe genießen. Bei Ihnen, Meggy, könnte ich mir vorstellen, dass er Ihnen als Cola-Rum mit Eiswürfeln schmeckt, in der Karibik ein beliebtes Getränk."

Meggy hatte Fragen zu der Fahrt auf dem Kreuzfahrtschiff, denn sie hatte zusammen mit ihrer Mutter überlegt, ob man ihrer Nonna zum 75.

Geburtstag eine mehrtägige Rundreise auf dem Mittelmeer schenken sollte.

„Ihr ganzes Leben hat meine Nonna am Meer verbracht, ist aber noch nie mit einem Schiff gefahren. Da wird es doch mal Zeit", hatte sie erklärt.

Meggy interessierte sich insbesondere dafür, ob es auf dem Schiff auch Einzelreisende gegeben habe. Denn eine Reise für zwei Personen konnten Meggy und ihre Mutter keinesfalls finanzieren.

Frau Vogt versuchte, ihre Bedenken zu zerstreuen: „Da wird Ihre Oma schnell Anschluss finden, da hätte ich gar keine Bedenken. Es sind viele Senioren und Seniorinnen unterwegs."

Nachdem die drei Frauen nach dem Essen – später als sonst – wieder in der Kanzlei waren und sich Meggy daran machte, drei Espressi zu servieren, stand plötzlich Helen im Flur. Sie setzte sich gleich auf einen der Stühle im Gang neben dem Garderobenständer, die als Wartebereich vorgesehen waren, und musste erst einmal durchatmen.

„Keine Ahnung, wie ich selbst immer diese Treppen hochgekommen bin", bemerkte sie, als Kerstin dazukam.

„Kein Wunder bei dem Bauch! Möchtest du ein Glas Wasser?"

„Ich glaube schon", sagte Helen schwach. „Ob ich es bis zu meinem Schreibtisch schaffe?"

„Mach erst mal eine Pause! Schön, dass du wieder da bist!"

Helen musste grinsen. „Ich wollte nachsehen, ob hier überhaupt noch jemand arbeitet."

„Wir schon. Hattest du Zweifel?"

„Nein, sorry. Ich habe mich wohl etwas ungeschickt ausgedrückt. Herzlichen Dank, dass ihr den Laden am

Laufen haltet. Ich weiß nicht, was ich ohne euch machen würde", erklärte sie und eine Träne kullerte ihre Wange hinab. Sie wischte sie schnell weg und sagte: „Diese Schwangerschaftshormone! Eigentlich bin ich nicht gekommen, um euch zu kontrollieren, sondern um eine wichtige Mitteilung zu machen."
Kerstin dachte kurz: „Sie wird doch nicht aufhören zu arbeiten?!"
Aber da legte Helen nach einer Kunstpause los: „Stefan und ich heiraten, am 28. August, und ihr seid natürlich alle eingeladen!"
„Herzlichen Glückwunsch!", rief Kerstin, und Helen stand auf, damit Kerstin sie besser umarmen konnte.
„Auch von mir die besten Wünsche!", sagte Frau Vogt.
„Von mir auch", meldete Meggy sich.
Die vier Frauen setzten sich in Kerstins Zimmer zusammen und Helen erzählte glücksstrahlend von dem überraschenden Moment, als Stefan um ihre Hand angehalten hatte.
„Wie romantisch", sagte Frau Vogt, „bei mir war das ganz anders. Mein Mann und ich wollten zusammenziehen, haben aber länger keine passende Mietwohnung gefunden und dann wurde uns diese Eigentumswohnung angeboten. Daraufhin hat mein Mann gesagt: ‚Wenn wir die gemeinsam kaufen, sollten wir auch heiraten.' Das leuchtete mir ein, ich habe zugesagt und der Immobilienmakler war wahrscheinlich in diesem Moment der glücklichste von uns drei."
„Ich hoffe, Sie hatten trotzdem eine schöne Hochzeit?", erkundigte sich Meggy.
„Sicher", gab Frau Vogt zu, „aber im kleinen Kreis. Wir hatten nicht viel Geld."

„Ein kleiner Kreis wird es bei uns auch. Meine Schwester Anna hat zugesagt, Stefans Schwester mit Familie und Sarah und Rainer werden kommen. Ich glaube, ohne Zwillinge, aber natürlich mit Robin. – Frau Vogt, Ihr Mann ist ebenfalls herzlich eingeladen."
„Ich werde ihn fragen. Vermutlich wird er Probleme mit seinem Anzug bekommen, der dürfte inzwischen etwas altmodisch sein. Ich kann mich gar nicht erinnern, wann er den zuletzt getragen hat."
„Machen Sie sich keine Sorgen. Die Kleiderordnung wird zwanglos sein. Übrigens war ich gestern zusammen mit Sarah ein Brautkleid kaufen. Das war eine Aktion. Wir haben ein oder zwei Flaschen alkoholfreien Sekt konsumiert, bis wir das richtige Teil hatten. Ich wollte nichts in Weiß, und die übrige Auswahl war nicht so besonders. Außerdem gibt es in meiner Größe nicht so viel. Wir haben drei Brautmodengeschäfte aufgesucht, bis wir endlich das Passende gefunden hatten."
„Ich bin gespannt, ob du trotz Bauch auch High Heels anziehst", bemerkte Kerstin.
„Aber sicher, und wenn ich vorher drei Tage lang salzlosen Reis esse, damit meine Füße nicht geschwollen sind, High Heels müssen sein!"
„Können wir irgendetwas mitbringen oder beisteuern?", fragte Frau Vogt.
„Und haben Sie einen Wunsch zur Hochzeit?"
„Nur, dass alle kommen. Stefan und ich haben wirklich alles, was wir brauchen."
„Du machst es uns nicht gerade einfach."
„Doch", erwiderte Helen, „ihr sollt einfach kommen und mit uns feiern."
Kurz darauf läutete das Telefon und allen wurde bewusst, dass es wieder Arbeit gab. Kerstin informierte

Helen noch über den neuesten Stand in Sachen Neumann. Schließlich besuchte Helen noch kurz ihr Arbeitszimmer, aber nachdem sie ein paar Papiere durchgesehen und die meisten davon weggeworfen hatte, machte sie sich wieder auf den Heimweg.

Als Kerstin am Abend zu Hause ankam, nah ihre gute Laune etwas ab, als ihr einfiel, dass ihr Mann und sie heute noch ein Gespräch mit Lisa führen wollten.

Mark und Lisa saßen bereits am Küchentisch und ihr Mann empfing sie mit den Worten: „Wir haben bereits angefangen zu diskutieren, weil Lisa in zwanzig Minuten zum Sport möchte."

„Ich denke, das Training beginnt immer um sieben?"

„Aber wir treffen uns noch vorher."

„Was heißt wir?"

„Na, die Clique halt."

„Ich habe Lisa bereits erklärt, dass es einem Vertrauensbruch gleichkommt, wenn sie uns nicht erzählt, dass sie einen festen Freund hat."

„Ich muss euch doch nicht alles erzählen, oder?"

„So etwas Wesentliches schon. Es war für Papa sehr unangenehm, das von jemand Drittem zu erfahren."

„Kann ich mir vorstellen, wer sich da wichtig gemacht hat. Meine Freundinnen sind etwas frustriert, dass sich Spencer für mich interessiert. Sie schwärmen doch alle für ihn, aber er nur für mich."

„Lisa, wir wollen dir den Kontakt zu Spencer doch nicht verbieten. Wir möchten nur, dass alles in guten Bahnen läuft."

„In was für Bahnen denn?"

„Wir würden ihn gerne kennenlernen. Außerdem möchten wir das Thema Sexualität ansprechen. Es ist uns wichtig, dass du dich nicht von einem einige Jahre älteren Mann bedrängt fühlst und vielleicht in Dinge

einwilligst, die du dann später bereuen könntest. Auch das Thema Verhütung ist uns wichtig."
„Meint ihr, ich kann nicht auf mich aufpassen, oder was? Ich hätte keine Ahnung, woher Babys kommen? Wir sind doch nicht im Mittelalter!"
„Nein, sind wir nicht", sagte Mark, „aber du bist noch nicht volljährig, wir haben für dich die Verantwortung, und deshalb sprechen wir dieses Thema an."
„Gut, das habt ihr gerade gemacht, kann ich jetzt gehen?"
„Noch nicht", sagte Mark, „wir möchten, dass du uns Spencer vorstellst, damit wir uns einen Eindruck von ihm machen können."
„Wollt ihr ihn einer Prüfung unterziehen, nach dem Motto ‚Haben Sie die Absicht, unsere Tochter zu heiraten?' oder so?"
„Sei nicht albern", sagte Kerstin, „auch wir leben nicht im Mittelalter. Was spricht denn aus deiner Sicht dagegen, dass wir ihn kennenlernen?"
„Er könnte sich kontrolliert fühlen."
„Aber es ist doch ein normaler Vorgang, dass man das Umfeld von jemandem kennenlernen möchte, mit dem man gerne zusammen ist."
„Bis jetzt hat er nicht danach gefragt."
„Kennst du denn jemanden aus seiner Familie?"
„Nö."
„Lebt er bei seinen Eltern?"
„Spencer lebt bei seinem Vater, aber der ist oft unterwegs. Die Eltern haben sich scheiden lassen."
Bei Kerstin klingelten alle Alarmglocken. Ein Zuhause, bei dem niemand anwesend war?
„Warst du denn bei Spencer schon zu Hause?"
„Ja. Es ist cool, die haben einen riesigen Fernseher."
„Und was guckt ihr da so?"

„Gibt es jetzt auch noch Fernsehkontrolle? Hallo? Die meisten Filme sind ab sechzehn."
Mark sah Kerstin an. Sie verstand den Blick. „Lisa, ich glaube, so kommen wir nicht weiter. Mein Vorschlag ist, dass du Spencer am nächsten Wochenende zu uns mitbringst. Frag ihn einfach, ob Samstagnachmittag oder Sonntagnachmittag besser wäre. Ich glaube, Mark, wir haben noch nichts vor."
„Nein, haben wir nicht."
„Wir könnten grillen und gemeinsam zum See fahren."
„Den ganzen Nachmittag?"
„Von mir aus können wir uns auch erst abends um sechs zum Grillen treffen, dann könnt ihr später noch was unternehmen."
„Mal sehen", sagte Lisa.
„Ich erwarte bis morgen Abend einen Vorschlag von euch beiden, wann es passen würde."
„Kann ich jetzt gehen?"
„Ich denke ja", sagte Kerstin und sah Mark an, der bestätigend nickte.
„Viel Spaß beim Training", fügte er hinzu, als Lisa wortlos in ihr Zimmer ging.

34. Kapitel

Als Frau Vogt am späten Nachmittag nach Hause kam, war sie vollkommen durchgeschwitzt. Beim Mittagessen auf dem Viktualienmarkt waren ihr die sommerlichen Temperaturen, ausgeglichen durch einen schönen Platz im Schatten und ein kühles Bier, noch sehr angenehm erschienen, aber am Nachmittag hatte sich die Innenstadt auf zweiunddreißig Grad erhitzt und am Himmel erschienen bereits die ersten schwarzen Wolken, die vermutlich bald die erlösenden Regenschauer bringen würden, aber momentan zu drückender Schwüle führten. Frau Vogt war daher froh, dass sie in der Wohnung von ihrem Ehemann freundlich empfangen wurde, der ihr selbst gemachten kühlen Eistee anbot.
„Was für eine gute Idee!", lobte sie, als sie sich auf dem Balkon in ihrem Liegestuhl niederließ, den ihr Herbert freundlicherweise überließ.
„Da braut sich etwas zusammen", erklärte er, „hoffentlich gibt es kein Unwetter mit Hagelschäden. Aber erzähl doch mal. Wie haben deine Anwältinnen auf deinen Vorschlag, weniger zu arbeiten, reagiert? Ich hoffe, dass du beim ersten Widerstand nicht gleich aus lauter Pflichtbewusstsein eingeknickt bist!"
„Einknicken? Warum sollte ich einknicken? Ich weiß gar nicht, wie du darauf kommst."
„Ich finde dich schon sehr pflichtbewusst."
„Ist das neuerdings eine schlechte Eigenschaft?"
„Nein, so habe ich das nicht gemeint, aber wie wir im Urlaub besprochen haben: Ich fände es sehr schön, wenn wir beide etwas mehr Zeit füreinander hätten und auch du langsam dein Arbeitstempo herunterfährst.

Wir hatten zusammen so eine schöne Zeit, Grete, das musst du doch zugeben."
„Das kann ich bestätigen. Aber dass du mir unterstellst, dass ich nicht genug Standvermögen habe, meine eigenen Interessen durchzusetzen, ärgert mich jetzt schon."
„Vergiss es einfach. Ich möchte nur erfahren, ob und was ihr heute besprochen habt."
Frau Vogt nahm einen großen Schluck von ihrem kühlen Getränk und machte danach eine längere Pause. Sie fand, dass sie Herbert ein wenig auf die Folter spannen sollte.
„Also", begann sie und nahm erneut einen Schluck aus ihrem Glas.
„Ich sehe genau, was du vorhast. Du willst mich auf die Folter spannen", bemerkte Herbert lachend.
Frau Vogt musste ebenfalls lachen. „Das hättest du auch verdient."
„Sag schon", versuchte Herbert, den Faden wieder aufzunehmen, und seine Frau brachte ihn auf den neuesten Stand.
„Das klingt doch gar nicht so schlecht."
„Ja, aber für die junge Frau ist das einfach keine Lösung, nur eine halbe Stelle zu haben."
„Vielleicht findet sie woanders eine zweite halbe Stelle? Ich dachte, Rechtsanwaltsfachkräfte werden dringend gesucht."
„Meggy könnte sich auch selbstständig machen", malte sich Frau Vogt aus, „das machen heutzutage auch viele. Die verlangen einfach einen Stundensatz. Es gibt viele junge Anwälte und Anwältinnen, die können sich eine Vollzeitkraft überhaupt nicht leisten. So wie ich sehe, übernimmt die Technik bereits einen nicht unerheblichen Teil der Arbeit, die wir früher geleistet

haben. Die Einführung der elektronischen Gerichtsakten wird ihr Übriges tun. Alles wird in Windeseile hin- und hergeschickt. Das macht den Anwaltsberuf aber auch nicht einfacher, weil viel schneller Antworten erwartet werden als früher."
Plötzlich zuckten massive Blitze auf und kurz darauf war ein Donner zu hören.
„Das Gewitter scheint ganz nah", sagte ihr Mann, „ich glaube, wir gehen lieber rein."
„Lass mich noch fünf Minuten hier sitzen. Der Liegestuhl ist sehr bequem."
„Dann teile ich dir noch schnell das Neueste von unserem Sohn mit."
Frau Vogt war plötzlich wieder hellwach. „Was gibt es? Ich hoffe nur, dass er nicht inzwischen mit dieser Corinna zusammengezogen ist."
„Hör auf, dir darüber Sorgen zu machen. Nein. Er hat angerufen, weil er uns sprechen wollte. Er hatte heute zwei längere Meetings und dazwischen frei. Da hat er die Zeit genutzt, um uns nach unserer Reise wieder persönlich zu sprechen. Er war begeistert von den Fotos, die wir ihm geschickt hatten, und ja, es geht ihm gut. Ich habe ihm ein wenig von unserem Urlaub erzählt, und seine Frage war, ob wir uns mal wieder treffen möchten. Wir könnten gerne zu ihm nach Frankfurt kommen, er hätte am nächsten Wochenende frei. Allerdings seien dort achtunddreißig Grad angesagt, bei uns nur etwa zweiunddreißig. – Sein Kompagnon sei bereits ausgezogen und habe eine Schlafcouch hinterlassen, sodass es für uns genügend Platz gäbe."
„Womöglich wird er jetzt mit dieser Corinna zusammenziehen."

„Davon hat er nichts gesagt. Vermutlich muss sie erst ihren Mietvertrag kündigen und zieht in ein paar Wochen ein"
Frau Vogt überlegte einen Moment.
„Wenn ich ehrlich bin: Ich finde sein Angebot sehr freundlich, aber ich habe momentan keine Lust zu verreisen, wir waren so lange unterwegs, dass ich mich hier um einiges kümmern muss. Ein Koffer voll Kleidung ist immer noch nicht ausgepackt und sollte endlich gewaschen werden. Bei dieser Hitze lockt es mich nicht nach Frankfurt. – Magst du ihn nicht fragen, ob er hierherkommen möchte? Wir könnten an den Starnberger See fahren, eine Bootstour machen."
„Ich habe mir gedacht, dass dir das Wochenende mit Corinna so kompliziert vorkam, dass du nicht gleich wieder Lust darauf hast."
„Das müssen wir in Kauf nehmen. Inzwischen wissen wir ja, dass sie nur Prosecco und Grünfutter zu sich nimmt. Ich kann ein Kilo Karotten kaufen, die schäle ich ihr. Dann kann sie daran knabbern. Außerdem habe ich weitere Kleiderbügel gekauft, sodass wir auch an diesem Punkt nicht mehr in Verlegenheit kommen."
„Sehr clever!", sagte ihr Mann, der seit Neuestem nach dem langen Auslandsaufenthalt manchmal Anglizismen benutzte. „Also was meinst du? Soll ich ihn anrufen und bitten zu kommen? Ich muss zugeben, ich hatte auch keine Lust darauf, wieder in einen Zug zu steigen. Wir waren viel unterwegs und momentan ist es wirklich schön hier. Ganz abgesehen davon, dass du deinen Liegestuhl jetzt räumen solltest, denn ich kann die ersten Regentropfen schon riechen und wir sollten schnell die Sitzpolster herein holen."
Frau Vogt erhob sich etwas schwerfällig und half beim Aufräumen. Gerade als sie überlegte, ob sie die

Balkontür eine Weile offenlassen sollte, fuhr ein Blitz krachend in nächster Nähe ein. Die ersten Regentropfen fielen und es dauerte nur ein paar Sekunden, bis der Regen prasselnd auf den Balkon peitschte, sodass Frau Vogt nichts anderes übrig blieb, als schnellstmöglich die Tür zu schließen, während sie fasziniert auf das Schauspiel vor ihrem Fenster blickte.

35. Kapitel

Helen hatte sich den ganzen Tag über auf den abendlichen Besuch von Stefan gefreut und alles für ein gemeinsames Abendessen vorbereitet. Nachdem tagsüber hohe Temperaturen angekündigt worden waren, war sie bereits am frühen Vormittag zum nahegelegenen Elisabethmarkt geschlendert und hatte dort drei verschiedene Käse, italienische Salami und geräucherten Südtiroler Schinken, jeweils zweihundert Gramm in Lagen und dünn geschnitten, so wie sie es am liebsten mochten, eingekauft, dazu eine Feigenmarmelade, die hervorragend zum Käse passte, und beim Gemüsehändler pralle italienische Tomaten und als Nachspeise leckere kernlose grüne Trauben. Zum Schluss holte sie in der Hofpfisterei ein knuspriges Pain Boulot und sicherheitshalber noch ein paar Vollkornsemmeln.
Zu Hause angekommen, stellte sie zufrieden fest, dass sie noch einen ausreichenden Vorrat an Bier und von ihrem favorisierten alkoholfreien Prosecco im Kühlschrank hatte, sodass sie nicht ein weiteres Mal losziehen musste.
„Eigentlich hätte ich noch ein paar Oliven kaufen sollen", fiel ihr ein, war dann aber zu bequem, um zum nächsten türkischen Geschäft zu gehen.
Den weiteren Vormittag hatte sie dann auf dem bereits sonnigen Balkon im Liegestuhl mit einer Zeitschrift verbracht und war gerade dabei einzuschlafen, als das Telefon klingelte.
Kerstin wollte ihr die Erfolgsmeldung überbringen, dass in der Sache Neumann der Schönheitschirurg nunmehr den ersten Kindesunterhalt an Frau

Neumann überwiesen hatte, nachdem das Gericht endlich entschieden und den Kindern den höchstmöglichen Unterhalt zugesprochen hatte.

Zwar hatte Dr. Frieder laut Auskunft seines Steuerberaters im letzten Jahr so gut wie nichts verdient, das dennoch hatte sich aufgrund des durchschnittlichen Einkommens der letzten drei Jahre, nach der sogenannten „Düsseldorfer Tabelle" ein Unterhalt der höchsten Gruppe ergeben. „Vermutlich möchte dieser Dr. Frieder nun auch bei der Staatsanwaltschaft ein gutes Bild abgeben und hat die Zahlung als das kleinere Übel angesehen."

„Sehr gut!", hatte Helen ihr zugestimmt, die den gleichen Verdacht hegte. „Zu dumm, dass man manchmal so einen Druck aufbauen muss, bis endlich etwas passiert ..."

„Hauptsache, es funktioniert!"

„Und die Strafanzeige lassen wir auf alle Fälle weiterlaufen, dann klappt hoffentlich die Zahlung des aufgelaufenen Unterhaltsrückstands besser."

„Danke für den Hinweis! Denn ich glaube, Frau Vogt hätte da eventuell einen Fehler gemacht. Meggy ist ihr gleich in die Parade gefahren. Du kannst dir vorstellen, dass Frau Vogt darüber nicht begeistert war."

„Du wirst das sicher diplomatisch rüberbringen, dass wir uns in diesem Fall Meggys Meinung anschließen."

„Mach ich. Sonst alles gut bei dir?"

„Ja. Ich bin dick und rund und faul und habe das Gefühl, ich werde jeden Tag bequemer. Allerdings war ich schon einkaufen."

„Sehr gut. Genieße es!", schlug Kerstin vor. „Bald geht der Trubel los."

„Ich versuche es", hatte Helen versprochen und aufgelegt.

„Ich habe nicht einmal gefragt, wie es Kerstin geht", war ihr im Nachhinein aufgefallen. Dann war sie wegen der Hitze vom Balkon auf die Couch im Wohnzimmer gewechselt, wo sie prompt nach der Lektüre der ersten Seite ihrer Familienrechtszeitschrift eingeschlafen war. Gegen sechzehn Uhr war sie aufgewacht und hatte einen Kaffee auf dem Balkon getrunken, aber dort war es so heiß, dass sie sich wieder ins Wohnzimmer legen musste. Sie war mit dem Artikel zu einer neuen Entscheidung des Bundesgerichtshofs zum Versorgungsausgleich soeben fertig geworden, als ihr langweilig wurde.

„Ich hoffe, Stefan kann ein wenig früher nach Hause kommen", überlegte sie gerade, als sie ein heftiger Donner aufschreckte und gleich darauf der erste Regen niederprasselte. Helen eilte auf den Balkon und zog die bereits nassen Polster der Stühle ins Zimmer, als ein Blitz ganz in der Nähe niederschlug. Sie erschrak und schloss eilig die Balkontür.

„Oh je!", dachte sie, „bei diesem Unwetter ist es fraglich, ob es für Stefan überhaupt ein Durchkommen gibt." Sie wusste, dass er seit Tagen auf einer etwa fünfzig Kilometer entfernten Baustelle zu tun hatte und sich große Mühe gab, einen Baufortschritt zu erzielen, da sämtliche bestellten Fenster und Türen aus Österreich drei Wochen zu spät geliefert worden waren.

Plötzlich bekam sie Angst und hatte die Vorstellung, dass ihm etwas passiert sein könnte. Sie sah sich nach ihrem Handy um, das sie verlegt hatte, fand es neben dem Nachttisch, konnte aber keine Verbindung zu Stefan herstellen. „Vermutlich liegt es an dem Unwetter."

Blitz und Donner meldeten sich erneut nahezu gleichzeitig und Helen war klar, dass das Gewitter in nächster Nähe war. Inzwischen fegte der Wind in Böen Regenschauer gegen ihr Wohnzimmerfenster, und als Helen genauer hinsah, konnte sie Hagelkörner entdecken.

„Ob das meine Kräuter in den Balkonkästen überleben?" Sie spähte nach draußen, konnte wegen der dichten Regenschauer aber nichts erkennen. Sie versuchte sich zu beruhigen, dass sie in ihrer Wohnung sicher war und einfach etwas abwarten sollte, bis sich das Unwetter gelegt hatte. „Meist dauert so etwas nicht lange", wusste sie, merkte aber, dass sie nach wie vor sehr angespannt war.

„So eine Schwangerschaft macht einen richtig dünnhäutig", dachte sie. „Früher hätte ich kurz aus dem Fenster gesehen und dann einfach weitergearbeitet. Vielleicht beruhigt es mich, wenn ich etwas esse." Sie ging in die Küche, um ihre Leckereien zu inspizieren, und begann, das knusprige Brotaufzuschneiden. Da klingelte das Telefon.

„Hallo, Stefan, bin ich froh, dass du mich anrufst. Ich hatte es auch schon versucht."

„Deshalb rufe ich zurück. Wie geht's dir? Bist du auch ins Unwetter gekommen? Hier ist schon alles vorbei, aber es war ganz schön heftig. Und gerade habe ich in den Nachrichten gehört, dass sowohl die Landstraße wie auch die Autobahn nach München nur schwer passierbar sind, weil Bäume umgestürzt sind, einige Bereiche unter Wasser stehen und Unfälle passiert sind. Ich gehe davon aus, dass es heute schwierig sein dürfte, zu dir zu kommen."

„Nein, das macht keinen Sinn, Stefan, bleib, wo du bist. Das ist am sichersten. Ich bin so froh, dass dir nichts passiert ist. Hier tobt nach wie vor das Gewitter."
„Schade, dass wir uns nicht sehen. Ich habe mich so auf dich gefreut. Schließlich ist es schon zwei Tage her, dass wir uns das letzte Mal getroffen haben."
„Kommst du auf der Baustelle voran?"
„Ja, aber heute bestand die Gefahr, dass die gelieferten Fenster und Türen vom Unwetter beschädigt werden. Wir haben es gerade noch geschafft, sie ins Innere des Hauses zu bringen, weil einer unserer Mitarbeiter rechtzeitig die Unwetterwarnung gesehen hatte."
„Glück gehabt! – Hm. Dann muss ich wohl all die Leckereien allein aufessen", gab Helen zu bedenken und listete Stefan auf, was sie alles eingekauft hatte.
„Morgen ist Freitag. Vielleicht schaffe ich es, früher zukommen, dann packen wir alles ein und gehen in den Biergarten."
„Das ist eine gute Idee! Da war ich lange nicht mehr! Lass uns in den Englischen Garten zum Chinesischen Turm gehen." Helen sah aus dem Fenster: „Jetzt wird es auch hier langsam wieder besser."
„Gut", sagte Stefan, „ich lege jetzt auf. Pass gut auf dich auf."
„Und du erst, zukünftiger Vater", verabschiedete sich Helen.
Zehn Minuten später hatte sich das Unwetter verzogen und Helen wagte sich auf den Balkon. Wie sie es befürchtet hatte, sahen ihre Balkonpflanzen bis auf den Rosmarin sehr mitgenommen aus. Die Blätter des kleinen Olivenbäumchens lagen zur Hälfte am Boden und die Balkonkästen waren bis zum Rand mit Wasser gefüllt.

„Das werde ich morgen in Angriff nehmen", entschied Helen, „aber ich will doch mal sehen, wie es vor dem Haus aussieht. Vielleicht bringe ich den Müll runter und schau mal, ob auf der Straße alles in Ordnung ist." Nachdem Helen ihre Abfälle in die dafür vorgesehenen Tonnen entsorgt hatte, ging sie zur Vorderseite des Hauses. Dort stand ein Krankenwagen. „Hoffentlich ist auf der Straße niemand verletzt worden." Sie konnte sich gut vorstellen, dass man so einen Hagelschauer auf der Straße nicht unbeschadet überstand. Aber es war weit und breit niemand zu sehen, sodass sie schließlich mit ihren Mülleimern wieder in die Wohnung zurückging und sich darauf einstellte, erneut einen Abend allein zu verbringen.

36. Kapitel

Kerstin fand, dass sie in ihrem Leben derzeit viel zu viele Baustellen offen hatte. Sie sehnte sich nach der Zeit zurück, als ihr Familienleben harmonischer gewesen war. „Oder verkläre ich die Vergangenheit?", überlegte sie, als sie aus der S-Bahn kommend die Stufen zum Marienplatz hochstieg und schnell beim Fischbrunnen vorbeiging, um dort ihre Hände in kaltes Wasser zu tauchen. Es war erst halb neun und trotzdem schon recht heiß. „Ich kann mich noch gut daran erinnern, wie es mich mitgenommen hat, als ich erfahren habe, dass Mark vor unserer Ehe eine Tochter gezeugt hat, die er mir verschwiegen hatte, bis sie als Neunzehnjährige vor unserem Reihenhaus gestanden hat. Aber sonst ist doch meist alles in Ordnung gewesen, oder?" Soweit Kerstin sich erinnern konnte, war es zum Beispiel niemals ein Problem gewesen, ein gemeinsames Ferienziel zu finden. Diesmal hatte Lisa sich ausgesprochen quer gestellt, als Mark und sie ihr eröffnet hatten, dass die Familie ihren Sommerurlaub eine Woche in Italien und anschließend zwei Wochen in Garmisch-Partenkirchen bei den Großeltern verbringen würde.
„Was soll ich denn da!", hatte Lisa sich beschwert. „Das ist doch ein Rentnerdorf!"
„Sicher leben viele ältere Leute dort, aber es gibt jede Menge Sportmöglichkeiten, die es zum Beispiel hier in München nicht gibt."
„Und was?", hatte Lisa entnervt entgegnet und dabei die Augen verdreht.
„Skispringen, Skifahren, Skirennen, Slalom, Eislaufen, Langlaufen, Bergwandern ..."

„Haha. Als ob wir im Sommer Ski fahren würden."
„Natürlich nicht. Ich möchte dir nur klarmachen, dass dort auch eine Menge junger Leute leben und trainieren. Und in den Hochseilgarten wollten wir immer schon mal."
„Okay", musste Lisa zugeben, „aber was machen wir an den restlichen dreizehneinhalb Tagen?"
„Schwimmen im Eibsee, im Geroldsee, im Riessersee im Kainzenbad, Bergwandern, Lesen."
„Nein, danke", hatte Lisa eingewandt, „ich bleibe hier. Ihr gebt mir pro Tag das Geld, das ein Bürgergeldempfänger für sein Essen bekommt, und dann versorge ich mich selbst."
Bei diesen Worten hatte Mark schallend gelacht und auch Julian war in ein meckerndes Lachen ausgebrochen, obwohl er vermutlich nicht genau verstanden hatte, was da gesprochen wurde.
Kurz darauf war Mark ernst geworden.
„Lisa, du bist noch minderjährig. Wir haben für dich die Verantwortung und legen hiermit fest, dass du mit uns in den Urlaub fährst. Du hast sechseinhalb Wochen Ferien und kannst dich die restlichen dreieinhalb Wochen mit Freundinnen und Freunden treffen. Außerdem hast du ein Handy und kannst die ganze Zeit über mit ihnen im Kontakt bleiben."
„Und? Was soll ich posten?", hatte Lisa herausfordernd gefragt. „Wie ich bei Oma Streuselkuchen esse?"
„Zum Beispiel", hatte Kerstin gesagt, die langsam die Geduld verlor. „Niemand macht so guten Streuselkuchen wie Oma und Opa. Ich denke, einige deiner Freunde würden sich freuen, wenn sie so einen feinen Kuchen bekämen."
„Ihr seid so blöd!", hatte Lisa gesagt, war aus dem Zimmer gerauscht und hatte die Tür zugeknallt.

„So nicht", hatte ihr Vater ihr hinterhergerufen, und Julian, der die ganze Sache sehr spannend fand, hatte versucht, seine Eltern zu trösten: „Meine Schwester ist in der Pubertät. Da werden sie alle komisch."
„Hoffentlich kommt sie da auch wieder raus", hatte Mark, von den Ausführungen seines Sohnes milder gestimmt, gesagt und ihm über den Kopf gestrichen.
„Bestimmt!", hatte Julian behauptet. „Das hört bestimmt bald wieder auf. Dann geht sie wieder mit uns wandern. Das hat Lisa früher viel Spaß gemacht."
Kerstin hatte ihren Sohn dankbar angesehen, war sich aber nicht sicher, ob die harmonischen Zeiten wiederkommen würden.
Sorgen machte ihr außerdem, dass Lisas Freund trotz mehrmaliger Einladungen bisher nicht bei ihnen aufgetaucht war. Nach Auskunft ihrer Tochter war er ständig mit Tennisstunden und ähnlichem ausgebucht. „Wenn ihm etwas an Lisa liegt, dann würde er sich doch bei uns vorstellen", hatte sie überlegt und nach wie vor, was Spencer betraf, ein schlechtes Gefühl.
Beinahe wären auch Mark und sie noch in Streit geraten, weil Mark behauptet hatte, dass Lisa sicher lieber mitgefahren wäre, wenn das Ferienangebot mit längerem Aufenthalt in Italien etwas attraktiver gewesen wäre. Es lag allein an Kerstins Pflichtbewusstsein der Kanzlei gegenüber, dass man sich nur auf eine Woche Italien geeinigt hatte, damit sie anschließend eine Woche in München arbeiten konnte, bevor sie noch eine Ferienwoche in Garmisch verbringen würde.
„Das glaube ich nicht", hatte Kerstin geantwortet. „Lisa ist nun in dem Alter, in dem sie lieber mit ihren Freunden zusammen ist. Das kann ich verstehen. Wir können sie aber nicht mit ihrem Freund alleinlassen.

Ich kann mir nicht vorstellen, dass das gut gehen würde."

Mark hatte ihr beigepflichtet, und damit war die Diskussion beendet gewesen.

Kerstins zweite Baustelle war nach wie vor die unklare Situation der beiden Angestellten in der Kanzlei. Frau Vogt war wie vereinbart noch ganztags tätig, Meggy hatte in der letzten Woche zwei Mal halbtags ausgeholfen, sich aber ansonsten befreien lassen, da sie nach wie vor intensiv nach einer Vollzeitarbeitsstelle in einer anderen Kanzlei suchte. An Angeboten mangelte es nicht, allerdings war sie bisher von allen Vorstellungsgesprächen enttäuscht gewesen. Zunächst hatte sie bei zwei alten Herren vorgesprochen, von denen der eine sie probehalber auch zum persönlichen Diktat gebeten hatte, das heißt, er hatte hinter ihr gestanden und ihr einen Brief diktiert. Sowie Meggy es verstanden hatte, sollte das auch in Zukunft so laufen. „Das kenne ich nur noch von Nachkriegsfilmen: Frau Müller, bitte zum Diktat. Darauf habe ich keine Lust", hatte sie Kerstin erklärt.

In der nächsten Kanzlei war sie auf fünf junge Strafverteidiger getroffen, die ihr mitgeteilt hatten, in ihrer Kanzlei gäbe es für Meggy nicht sonderlich viel zu schreiben, dafür hätten sie externe Schreibkräfte, stattdessen sollte sie täglich von acht bis siebzehn Uhr das Telefon bedienen und die Kalender aller Anwälte überwachen, damit die Terminvereinbarungen reibungslos liefen. „Also dafür habe ich jetzt nicht so viel gelernt", hatte Meggy Frau Vogt erklärt, „das hätte ich auch schon nach der Schule machen können. Man hätte mich allerdings gut bezahlt, aber ich will doch nicht verblöden."

Frau Vogt hatte ihr zugestimmt, dass das wohl nicht die richtige Stelle für sie sei.

Bei ihrem dritten Termin hatte Meggy Hoffnung geschöpft. Sie hatte sich bei einem Notariat beworben. Wie Meggy wusste, wurde in Notariaten meist sorgfältig und auf hohem juristischem Niveau gearbeitet. Sie war daher stolz, als man sie zu einem Gespräch bat. Als sie dort ankam, war sie etwas enttäuscht, wie altmodisch die Büroräume eingerichtet waren, und als einer der Notare – der andere hatte keine Zeit, weil er gerade eine Beurkundung vornahm – erklärte, welche Aufgaben sie hätte, war sie schon fast wieder geneigt gewesen, die Stelle anzunehmen. Allerdings war das angebotene Gehalt so niedrig, dass Meggy glaubte, sich verhört zu haben. „Das entspricht gerade mal dem Mindestlohn", hatte sie zu bedenken gegeben.

„Junge Dame", hatte der Notar ihr erklärt, „auch wir haben alle einmal klein angefangen. Sie müssen nicht glauben, dass ich während des Studiums und meiner Referendarzeit finanziell große Sprünge machen konnte. Ganz im Gegenteil: Es musste gespart werden. Wir sind gerne bereit, nach einem Jahr etwas mehr zu bezahlen, aber ich bitte Sie um Verständnis, dass Sie sich bei uns auch erst einmal bewähren müssen."

„Ich glaube, da müssen Sie sich jemand anderen suchen", hatte Meggy rundheraus und entgegen ihrer Überzeugung, dass man wichtige Entscheidungen nicht spontan treffen sollte, erwidert, aber sie war auch im Nachhinein noch mit sich zufrieden, denn sie fand, dass das Angebot schlichtweg eine Unverschämtheit gewesen war. Dennoch wollte sie die Hoffnung nicht aufgeben und so hatte sie Frau Vogt noch um etwas Geduld für ihre Entscheidung gebeten. Die beiden

Frauen hatten sich dann auch an Frau Bärenreuther gewandt, und auch Kerstin fand, dass es gar keine andere Möglichkeit gab, als abzuwarten, um für alle Beteiligten eine zufriedenstellende Lösung zu finden.
Sie selbst hatte momentan weder Zeit noch Lust, auch noch eine neue Arbeitskraft zu suchen und einzuarbeiten.
Das einzig Positive aus Kerstins Sicht war, dass es Frau Vogt nun klar war, dass ihr Wunsch, möglichst bald in Teilzeit zu arbeiten, nur dann zu realisieren war, wenn Meggy die halbe Stelle übernehmen würde. Sie versuchte daher seit Neuestem, die Zusammenarbeit möglichst gedeihlich zu gestalten, und war höflicher zu Meggy als früher. Da sie nach wie mit dem neuen System nicht immer gut zurecht kam, hatte sie Meggy um deren Handynummer gebeten, um sie während der Arbeitszeit um Hilfe bitten zu können. Meggy hatte sich dazu bereiterklärt, auch weil sie sah, dass Frau Vogt sich nicht mehr gegen die Neuerungen sperrte, sondern sich Mühe gab, das, was Meggy ihr erklärt hatte, umzusetzen.
Der Arbeitsplatz von Frau Vogt war mittlerweile mit etwa zwanzig Post-it-Zetteln übersät, auf denen zum Beispiel stand: „Einscannen", und darunter: „Blätter mit Schriftseite oben auf das Gerät legen".
Kerstin versuchte in den Momenten, in denen sie Frau Vogt vor sich hinmurmelnd und offensichtlich mit einem technischen Problem hadernd vorfand, den Kontakt zu meiden, um nicht in eine längere Diskussion verwickelt zu werden, weil auch sie sich mit den von Meggy eingeführten Neuerungen nur am Rande befasst hatte und selbst wenig technikaffin war.
Sie war froh, dass sie das umsetzen konnte, was Meggy

ihr erklärt hatte, und fand, dass alles andere Arbeit der Fachkräfte sei.

Das dritte Problem, das Kerstin im Magen lag, war ihre erste noch offene Mediation. Sie hatte sich mit dem Schreiben an das Ehepaar Meyerhofer viel Mühe gegeben und hoffte, dass das Paar sich noch einmal bei ihr melden würde. In den letzten beiden Wochen war nichts weiter geschehen. Kerstin war daher erleichtert, als sie in die Kanzlei kam und Frau Vogt ihr entgegenrief: „Ich habe gute Nachrichten für Sie, Frau Bärenreuther! Frau Meyerhofer hat sich gemeldet und mitgeteilt, dass sie mit ihrem Noch-Ehemann gerne nächste Woche einen Termin wahrnehmen würde. Ich habe den Mittwochnachmittag fünfzehn Uhr vorgeschlagen und hoffe, das ist Ihnen recht."

„Sicher! Dass haben Sie gut gemacht, Frau Vogt!"

„Gerne! Vielleicht könnten Sie mir im Gegenzug dabei helfen, diesen Vertrag einzuscannen. Ich weiß nicht, was da los ist. Gestern ging es noch wunderbar, aber heute rührt sich überhaupt nichts."

„Möchten Sie nicht lieber Meggy anrufen?", schlug Kerstin vor.

„Wenn Sie meinen. Es ist mir ehrlich gesagt ein wenig peinlich, dass ich die junge Dame so oft darum bemühen muss, mir weiterzuhelfen."

„Nützt ja nichts", erklärte Kerstin, und verschwand so schnell sie konnte in ihrem Zimmer.

37. Kapitel

Nach der Tagesschau hatte Frau Vogt sich zusammen mit ihrem Ehemann auf den Balkon gesetzt. Es war nach wie vor warm und einer der Sommerabende, wie er schöner nicht sein konnte. Dennoch war Frau Vogt angespannt. Sie hatte auf ausdrücklichen Wunsch ihres Sohnes einen kleinen Leberkäse im Ofen aufgebacken. So frisch schmeckte er immer besonders gut. Außerdem hatten sie und ihr Mann eine größere Menge Kartoffelsalat zubereitet in der Absicht, den Rest morgen zu einem Picknick am Starnberger See mitzunehmen. Für Corinna hatten sie eine große Menge Rohkost zubereitet und einen großen Rettich, in Bayern „Radi" genannt, in hauchdünne Scheiben geschnitten und mit Salz bestreut. Obwohl die Betten frisch bezogen und Schubladen sowie Schrankteile leergeräumt und mit ausreichend Kleiderbügeln versehen waren, wurde Frau Vogt ihre Anspannung nicht los. Sie spürte, dass es keinen Sinn hatte, gegenüber ihrem Mann das Thema Corinna erneut anzusprechen.
„Nun", hatte er bei ihrem letzten Gespräch erklärt, „Corinna ist halt ein wenig anders. Hauptsache, Manuel kommt mit ihr gut zurecht. Dieses Mal sind wir auch viel besser vorbereitet. So viele Sektflaschen habe ich noch nie bei uns in der Küche gesehen."
„Prosecco", hatte seine Frau korrigiert, „und Aperol."
„Wie auch immer", hatte ihr Mann gesagt, „von dem Zeug verstehe ich nichts. Dafür bist du zuständig. Sag bloß, die Orangen kommen da auch noch rein?"

„Ganz genau", hatte Frau Vogt ihn aufgeklärt und ein wenig die Augen verdreht, weil Herbert anscheinend von dem allseits bekannten Getränk Aperol Spritz noch gar nichts mitbekommen hatte. Er hatte sich daraufhin ein Weißbier eingeschenkt. Frau Vogt hielt es inzwischen nicht mehr länger aus und beschloss, sich ebenfalls eines zu gönnen.
„Vielleicht bin ich dann entspannter und mache mir weniger Gedanken."
Gerade als sie in der Küche das kühle Weißbier vorsichtig, damit sich der Schaum nicht zu rasant entwickelte, in ein mit kaltem Wasser ausgespültes Weißbierglas goss, klingelte es. Frau Vogt stellte Flasche und Glas ab und eilte zur Tür. Schneller als gedacht sprintete ihr Manuel mit einem Rucksack auf dem Rücken entgegen. Begeistert schloss Frau Vogt ihn in die Arme und drückte ihn lange und fest. „So schön, dich wiederzusehen!", sagte sie. „Ich habe dich vermisst."
„Ich habe euch auch ein wenig vermisst", sagte Manuel grinsend.
„Wo ist denn deine Corinna? Sie kann doch ihren Koffer nicht allein hochschleppen."
„Tut mir leid, sie hat in letzter Minute abgesagt, sie ist gerade in der Arbeit unabkömmlich", erklärte Manuel und trat ein. „Rieche ich da etwa Leberkäse?"
„Ganz genau! Das hattest du dir doch gewünscht."
„Das hatte ich schon wieder vergessen. Wie lecker!"
„Komm", sagte Frau Vogt und schloss die Tür hinter ihm. Inzwischen war auch ihr Mann herbeigeeilt und begrüßte seinen Sohn.
„Ich stell nur meine Sachen ab und gehe schnell ins Bad, dann komme ich", erklärte Manuel.

Frau Vogt ging in die Küche, um schnell alles zu holen und den Tisch zu decken. Herbert half ihr dabei. Ein paar Minuten später saß die kleine Familie beim Essen.
„Unvergleichlich, dieser süße Händlmaier-Senf", erklärte Manuel, „ich muss mir unbedingt ein Glas mit nach Frankfurt nehmen. Und dieser Kartoffelsalat! So gut schmeckt es nur zu Hause."
Frau Vogt lächelte zufrieden.
„Warum ist Corinna nicht mitgekommen?" fragte nun auch Herr Vogt.
„Sie hat mir kurzfristig abgesagt. Sie hat derzeit beruflich besonders viel um die Ohren, zwei Mitarbeiter sind ausgefallen, einer ist wohl länger krank und einer hat ziemlich unerwartet gekündigt. Die Firma hat es bisher nicht geschafft, einen neuen Mitarbeiter einzustellen. Ich selbst habe nicht so einen großen Stress zurzeit, ich bin in einer anderen Abteilung. Corinna nimmt ihre Arbeit auch sehr genau. Sie ist recht ehrgeizig."
„Das ist doch gut", sagte Herbert, „vermutlich kommt man auch nur so in diesem Job voran."
„Na, vielleicht übertreibt sie manchmal auch ein wenig. Aber das ist nicht mein Problem", erklärte Manuel und nahm genüsslich einen Schluck Weißbier. „Und morgen geht es an den Starnberger See? Da waren wir schon lange nicht mehr."
„Ich habe mir gedacht, wir könnten mit der S-Bahn nach Herrsching zum Ammersee fahren, von dort auf den Berg nach Andechs laufen und oben im Biergarten ein Picknick machen. Am Nachmittag können wir dann noch im Ammersee schwimmen", schlug Herbert vor.
„Wir sollten nicht so spät losgehen. Es wird morgen wieder heiß werden und am Abend vielleicht erneut Gewitter geben", ergänzte Frau Vogt.

„Ihr wollt mich doch nicht um sieben Uhr aus dem Bett schmeißen?"
„Nein. Du kannst ausschlafen. Trotzdem wäre es nicht schlecht, wenn wir gegen neun Uhr losfahren würden."
„Was sollen wir mit den ganzen Rohkostschnipseln machen, die ich für Corinna vorbereitet habe?"
„Einen Teil essen wir", schlug Manuel vor, „das schmeckt doch gut. Ich habe mich inzwischen schon daran gewöhnt, solche Sachen zu essen."
„Und einen Teil könntest du einfrieren", ergänzte Herbert.
„Gute Idee", sagte seine Frau und nahm sich vor, das möglichst bald zu machen.
„Wie sieht es denn mit deiner Wohnung aus, seitdem dein Kollege ausgezogen ist? Willst du sie für dich allein behalten?", fragte Herbert.
„Mir ist sie auf die Dauer zu teuer. Das ist eine richtig große Zweizimmerwohnung mit Wohnküche. So viel Platz brauche ich nicht. Oft komme ich nur zum Schlafen nach Hause."
Frau Vogt war froh, als ihr Mann fragte: „Wirst du dir einen neuen Mitbewohner oder eine neue Mitbewohnerin suchen?"
„Vermutlich läuft es darauf hinaus", erklärte Manuel etwas vage und machte den Eindruck, als wolle er das Thema beenden.
Frau Vogt schloss daraus, dass das Thema Zusammenziehen mit Corinna sich noch in der Schwebe befand. Sie spürte eine gewisse Erleichterung, wollte sich damit aber nicht weiter befassen.
„Wie wunderbar, dass wir Manuel ein Wochenende allein für uns haben", freute sie sich und ärgerte sich gleichzeitig, dass sie sich seit einer Woche so viele

unnütze Gedanken über den Besuch der beiden gemacht hatte.
„Man sollte wirklich einfach mehr im Moment leben und sehen, was kommt."
Sie nahm einen großen Schluck Bier und lehnte sich zufrieden zurück.
Inzwischen war der Mond am Himmel erschienen und leuchtete – schon fast Vollmond – so hell, dass nur wenige Sterne zu sehen waren.
„Was für ein schöner Abend", bemerkte ihr Mann.
„Was für ein schönes Wochenende", dachte Frau Vogt.

38. Kapitel

Kerstin hatte in ihrem Büro alles akribisch vorbereitet und sogar die besten Kekse aus dem Küchenschrank geholt und in einer Schüssel ansprechend drapiert.
Als Frau Vogt das Ehepaar Meyerhofer zur nächsten Mediationssitzung ankündigte, war sie plötzlich nicht mehr aufgeregt.
„Ich habe mir viele Gedanken über die Probleme in diesem Fall gemacht, eine Supervision geholt, das muss reichen. Ich werde mein Bestes geben und vielleicht hilft es, dass nun einige Zeit vergangen ist und das Paar sich wieder beruhigen konnte."
Sie begrüßte die beiden daher ganz entspannt, und nachdem Herr und Frau Meyerhofer Platz genommen hatten, begann sie mit der Frage: „Was ist seit dem letzten Mal passiert?".
„Eigentlich nicht viel. Bis zu dem Zeitpunkt, als wir Ihr Schreiben erhalten haben", begann Frau Meyerhofer. „Die Idee, Peters Eltern zunächst einmal außen vor zu lassen, fand ich hilfreich. Ich möchte noch einmal ausdrücklich ergänzen, dass ich grundsätzlich nichts gegen meine Schwiegereltern habe. Sie sind nur einfach für mein Gefühl zu präsent und haben in gewisser Weise, wie mir inzwischen klar ist, zum Teil Aufgaben übernommen, die die meines Mannes gewesen wären. Ich hatte mir gewünscht, dass er mehr zu Hause gewesen wäre und mehr mit unseren Jungs unternommen hätte. Sie zum Beispiel Freitagnachmittag zum Fußballtraining gefahren hätte usw."
Herr Meyerhofer fiel ihr ins Wort: „Lass uns bitte die alten Vorwürfe nicht erneut aufwärmen."

Seine Frau merkte offensichtlich, dass sie wieder in das alte Fahrwasser geraten war, und nickte.
Kerstin nutzte die Pause, um sich kurz bei Frau Meyerhofer zu bedanken, und wandte sich dann an den Ehemann. „Was gibt es aus Ihrer Sicht Neues?"
„Eigentlich nicht viel. Ich habe noch einmal mit meinen Eltern gesprochen, ob sie sich etwas weniger einmischen können, aber sie waren empört, dass ich ihnen überhaupt Einmischung unterstellt habe und wir uns ihnen gegenüber nicht dankbarer zeigen. Ich finde aber den Ansatz interessant, dass wir uns zunächst einmal auf uns als Paar konzentrieren. Denn es ist tatsächlich so, dass es mir in erster Linie um eine solide Finanzierung geht, und mit der haben meine Eltern nichts zu tun."
Kerstin bedankte sich auch bei ihm und erläuterte den Grundsatz, dass es erfahrungsgemäß für Problemlösungen hilfreich sei, wenn man Probleme in kleinere Einheiten einteilen würde, um dann jeweils Zwischenlösungen zu finden, die schließlich zu einer Gesamtlösung führen würden.
„Ich weiß, Mediation fühlt sich manchmal etwas schwierig an, solange man nicht zumindest eine kleine Zwischenlösung erreicht hat. Aber daran wollen wir heute arbeiten. Mein Vorschlag ist, dass wir mit den Interessen und Bedürfnissen zum Thema ‚Wer wohnt wo' beginnen, und nachdem Ihr Mann sich das letzte Mal geäußert hat, möchte ich diesmal Sie, Frau Meyerhofer, bitten zu beginnen."
Kerstin verwies auf das Flipchart, auf dem bereits die Äußerungen von Herrn Meyerhofer zu sehen waren.
„Mein Mann hat sich aber das letzte Mal zu den Eltern geäußert."

„Vielleicht wäre es eine Möglichkeit, diesen Aspekt einzuklammern", sagte Kerstin, „damit man sehen kann, dass er nicht der wichtigste ist. Wären Sie damit einverstanden?"
Beide Mediande nickten.
Kerstin war froh, diesen Punkt schnell geklärt zu haben, und begann: „Was ist Ihnen im Zusammenhang mit dem Wohnen wichtig?"
Frau Meyerhofer überlegte einige Zeit.
„Ich möchte eine Wohnung, die in erster Linie für mich ist und zu der niemand, außer den Personen, die bei mir wohnen – das werden vermutlich die Kinder sein –, einen Schlüssel hat."
„Was wäre denn erreicht, wenn Sie so eine Wohnung hätten?"
Frau Meyerhofer überlegte erneut.
„Ich würde zur Ruhe kommen, mich entspannen und mich wieder mehr auf mich konzentrieren können."
„Sollen wir Ruhe und Entspannung und geschützter Wohnbereich aufschreiben?"
„Ja, das ist gut!", erklärte Frau Meyerhofer.
„Gibt es sonst noch etwas?"
„Sicher muss die Wohnung finanzierbar sein, damit ich mich bei zu diesem Punkt entspannen kann."
„Soll ich vielleicht finanzielle Sicherheit anschreiben?"
„Das wäre gut."
„Gibt es sonst noch etwas?"
„Natürlich sollen meine Söhne sich wohlfühlen. Sie werden vermutlich bei mir wohnen, zumindest der Jüngere. Beim Älteren bin ich mir da nicht so sicher."
Kerstin bemerkte, wie Herr Meyerhofer unruhig wurde. Sie beeilte sich daher, dass der Vorschlag ‚die Kinder sollen die Möglichkeit haben, bei mir zu wohnen und sich wohlzufühlen' auf das Flipchart kam.

Frau Meyerhofer teilte mit, dass sie nichts mehr äußern wolle, also wandte sich Kerstin an den Ehemann.
„Können Sie die Interessen und Bedürfnisse Ihrer Frau nachvollziehen?"
Herr Meyerhofer sah seine Frau an und sagte: „Ja, das kann ich. Aber ich möchte auch auf meiner Seite stehen haben, dass ich mich in meiner Wohnung wohlfühlen möchte und natürlich auch ausreichend Platz für die Kinder. Was doch bisher immer der Fall war", ergänzte er mit einem unfreundlicheren Blick auf seine Frau.
Kerstin bedankte sich gerade bei beiden Parteien, als es an der Tür klopfte. Sie öffnete und Frau Vogt erschien mit Kaffee, den Getränken und Keksen, die das Ehepaar eingangs bei ihr bestellt hatten. Nachdem die Kaffeetassen verteilt waren und jeder sich bedient hatte, fuhr Kerstin fort.
„Jetzt kommen wir zur Lösungssuche."
Zunächst entfernte Kerstin das Flipchartblatt mit den Interessen und Bedürfnissen zu diesem Thema, hängte es für alle gut sichtbar im Raum auf und erläuterte: „Ich habe für Sie folgendes Blatt vorbereitet."
Sie blätterte um und auf dem nächsten Blatt stand: „Wer wohnt wo?" Und darunter „Optionen".
„Nun ist Kreativität gefragt, das heißt, die Suche nach einer Lösung findet in zwei Schritten statt. Zunächst geben Sie mir diesmal nicht nacheinander, sondern durcheinander, am besten in einem Tempo, in dem ich noch mitschreiben kann, Ihre Ideen wieder, wie das mit dem Wohnen laufen könnte. Im zweiten Schritt bewerten Sie dann, welche dieser Ideen Ihnen gefallen."
„Und wenn wir nichts Gemeinsames finden?", fragte Frau Meyerhofer.

„Dann müssten wir noch einmal zurück zu den Interessen und Bedürfnissen gehen. Aber lassen Sie uns es erst einmal versuchen."

Das Ehepaar wirkte etwas verwirrt und unsicher, sodass Kerstin hinzufügte: „Sie rufen mir einfach Ihre Ideen zu, und ich möchte Sie ausdrücklich auch um Vorschläge bitten, die Ihnen absurd erscheinen, das heißt, die Sie vermutlich niemals nehmen würden, wie zum Beispiel ‚Die Kinder ziehen zu den Großeltern und wir verkaufen das Haus' oder ‚Die Kinder kommen ins Internat' und ‚Jeder nimmt nur eine kleinere Wohnung' oder etwas Ähnliches, damit Ihre Ideen kreativ werden. Das mag Ihnen am Anfang nicht so behagen, aber wenn man sich etwas daran gewöhnt hat, macht es sogar Spaß."

„Können Sie nicht ein paar Ideen reingeben?", fragte Frau Meyerhofer, „Sie hatten doch bestimmt schon mehrere Fälle und wissen, wie andere Familien das gemacht haben."

„Da geben Sie mir ein gutes Stichwort", lobte Kerstin. „Versuchen Sie bitte, sich vorzustellen, was Sie Ihrer besten Freundin oder Ihrem besten Freund empfehlen würden, wenn er in der gleichen Situation wäre wie Sie. Vielleicht können Sie sich jemanden aus dem Bekanntenkreis vorstellen, bei dem das möglich wäre."

Das Ehepaar schwieg nach wie vor.

Kerstin ergänzte daher: „Meine Überzeugung ist, dass ich als Mediatorin Ideen äußere, die nicht dem entsprechen, was Sie als Herr und Frau Meyerhofer brauchen. Es geht ausschließlich um Ihr Wohlbefinden."

Endlich traute sich Herr Meyerhofer: „Gut. Dann nenne ich als Erstes ‚ich ziehe zu meinen Eltern und du bleibst mit den Kindern im Haus'." Kerstin schrieb mit.

„Ich ziehe mit den Kindern zu meinen Eltern", wagte Frau Meyerhofer sich aus der Deckung.
„Was? Nach Hannover?", fiel ihr Herr Meyerhofer ins Wort. Kerstin intervenierte: „Ich möchte Sie beide bitten, die Ideen derzeit nicht gegenseitig zu kommentieren. Das kommt erst in einem zweiten Schritt."
„Einverstanden", erklärte Herr Meyerhofer, und Kerstin schrieb den Vorschlag von Frau Meyerhofer an.
„Sie dürfen natürlich auch Ideen äußern, die Ihnen realistisch erscheinen", ergänzte Kerstin.
„Ich ziehe aus und miete eine Dreizimmerwohnung", kam es von der Ehefrau.
Kerstin schrieb.
„Ich ziehe auch aus und miete ebenfalls eine Dreizimmerwohnung", äußerte die andere Seite.
„Meine Eltern gehen ins Altersheim, ich ziehe in das Haus meiner Eltern, und meine Frau und die Kinder bleiben da, wo sie sind", schlug Herr Meyerhofer vor, da er anscheinend Freude daran bekam, ausgefallenere Ideen zu äußern.
Diese Option erschien sogar Frau Meyerhofer zu stören. Sie schüttelte den Kopf. Dann schlug sie vor: „Unser jetziges Wohnhaus wird verkauft, mein Mann kauft sich eine Wohnung und von dem Rest kann ich mir zumindest eine Anzahlung für eine Eigentumswohnung leisten. Da deine Eltern das Haus gebaut haben, gehört es uns wohl nicht gemeinsam."
„Die Gründe für Ihre Ideen schreibe ich jetzt nicht mit, das interessiert zum jetzigen Zeitpunkt noch nicht."
„Mehr fällt mir beim besten Willen nicht ein", sagte Herr Meyerhofer etwas erschöpft. Seine Frau nickte.

Kerstin gab daraufhin jeder Partei einen Stift in die Hand, Grün für Frau Meyerhofer, Blau für Herrn Meyerhofer, und bat sie, sich an das Flipchart zu begeben und die Möglichkeiten mit einem Punkt zu versehen, die ihnen gefielen.
„Jetzt fällt mir noch etwas ein", sagte Herr Meyerhofer, „können Sie noch anschreiben: ‚Wohnen bleibt so, wie es ist'."
„Natürlich kann ich das", sagte Kerstin und ergänzte auf dem Flipchart, aber sie war sich sicher, dass das nur von Herrn Meyerhofer mit einem Punkt versehen würde. Kerstin war außerdem gespannt, ob es an irgendeiner Stelle eine Übereinstimmung geben würde, und war daher erleichtert, nachdem die Parteien sich wieder gesetzt hatten, dass sie bei einem Blick auf das Flipchart entdeckte, dass tatsächlich Herr und Frau Meyerhofer die Option, dass Frau Meyerhofer auszog und sich eine Wohnung nahm, gepunktet hatten. Kerstin wandte sich an Herrn Meyerhofer: „Ich weiß, dass diese Option Ihrer Frau gefällt. Was hat Sie bewegt, diese Möglichkeit ebenfalls zu wählen?"
„Mir ist klar geworden, dass es keinen anderen Ausweg gibt. Meine Frau möchte einfach weg. Meine Eltern werden sich nicht so grundlegend ändern, dass das, was stört, verändert wird, und mir ist klar geworden, dass ein getrenntes Wohnen im gemeinsamen Haus nicht das Richtige ist, weil ich in Zukunft auch mehr Privatsphäre haben möchte. Ich schlage daher vor, dass du ausziehst, sobald du eine Wohnung gefunden hast. Ich denke, da reicht auch etwas Kleineres, weil die Kinder sicher schwerpunktmäßig bei mir wohnen werden."

Frau Meyerhofer schluckte und wandte sich an Kerstin: „Über das Thema Kinder und wo die Kinder wohnen, haben wir noch gar nicht gesprochen."
„Das ist richtig. Ich schlage daher vor, dass Sie entweder zu Hause mit Ihren Kindern über dieses Thema sprechen oder sie mit in die nächste Mediationssitzung bringen. Was wäre Ihnen lieber?"
Herr Meyerhofer meinte: „Ich denke, wir können es erst einmal zu Hause versuchen. Die beiden sind sechzehn und siebzehn Jahre alt und können sich gut äußern."
„Wichtig wäre, dass Sie ihnen zuhören und ihnen nicht von vornehrein ein schlechtes Gewissen machen, dass sie dem einen oder anderen Elternteil nicht gerecht werden, wenn sie nicht bei ihm wohnen. – Können wir so verbleiben?", fragte Kerstin mit Blick auf die Uhr.
„Ich werde Ihnen wie immer ein Protokoll über diese Sitzung fertigen und es Ihnen zusenden. Vielleicht können wir noch einen neuen Termin vereinbaren."
„Ich denke, das wäre wichtig", sagte Frau Meyerhofer, „damit wir die Sache nicht auf die lange Bank schieben."
An ihren Ehemann gewandt: „Meinst du, Peter, es reicht aus, wenn wir uns für diese Sache vierzehn Tage Zeit nehmen? Wir sollten den Kindern etwas Bedenkzeit geben."
Ihr Ehemann nickte und alle notierten den neuen Termin vierzehn Tage später am Mittwoch zur gleichen Zeit.
Zum Abschluss fragte Kerstin: „Was war für Sie heute wichtig?"
Frau Meyerhofer sah ihren Mann an, da sie offensichtlich nicht vorpreschen wollte, und er begann.

„Mir ist klar geworden, dass es keinen Sinn macht, alles beim Alten zu belassen, wenn eine Seite dies nicht möchte. Es ist Zeit, dass ich mich den neuen Realitäten stelle, und ich habe gemerkt, dass auch ich gerne meinen Freiraum haben möchte."
„Und Sie, Frau Meyerhofer?"
„Mir tut es gut zu merken, dass mein Mann jetzt meine Bedürfnisse wahrnimmt. Die Dinge fangen an, sich in die richtige Richtung zu entwickeln."
Anschließend verabschiedeten sich alle und Kerstin war erleichtert, als sie die Tür hinter den beiden schließen konnte. Sie setzte sich auf ihren Stuhl und nahm einen Schluck von ihrem inzwischen kalten Kaffee. „So eine Mediation ist ganz schön anstrengend, aber wir sind ein Stück weitergekommen", resümierte sie. Das gab ihr ein gutes Gefühl.

39. Kapitel

Helen war unruhig. Den ganzen Tag über hatte sie alles für den Besuch ihrer Schwester Anna vorbereitet. Nachdem sie nun aus ihrer Sicht rund und schwer wie ein Elefant war und in dieser Form kaum mehr hinter das Lenkrad ihres Sportwagens passte, hatte Sarah angeboten, ihre Mutter direkt am Bahnhof abzuholen. Anschließend wollte Sarah mit ihr und dem kleinen Robin zum Kaffeetrinken kommen. Bereits am Morgen hatte Helen Zwetschgendatschi eingekauft, mit Streuseln und ohne, Sahne geschlagen und eine Kanne Filterkaffee gemacht und mit ihrem besten Porzellan von Villeroy & Boch den Tisch gedeckt.
Zuerst hatte sie Bedenken gehabt, dass es auf dem Balkon zu heiß würde, und daher bereits ab zehn Uhr ihre beiden Sonnenschirme aufgespannt. Inzwischen war es fast fünfzehn Uhr und dunkle Wolken zogen auf.
Helen warf einen Blick auf die Wetter-App auf ihrem Handy und ärgerte sich, dass für sechzehn Uhr Regen angekündigt war. Gerade wollte sie nachsehen, ob Annas Zug aus Hannover pünktlich eintraf, als das Telefon klingelte.
„Hallo, Helen", meldete sich Sarah, „der ICE von Mama hat circa zwanzig Minuten Verspätung. Das bedeutet, dass er ungefähr in fünf Minuten ankommen wird. Wir düsen dann gleich zu dir"
„Das wäre gut, damit ihr vor dem Regen hier ankommt."
„Soll ich noch etwas mitbringen?"
„Nein. Es ist für alles gesorgt."
„Bis gleich!"

Beide Frauen legten auf.

Helen war klar, dass es knapp werden würde, dem Regen zu entkommen, da ihre Gäste erst in einer halben Stunde eintreffen würden.

Unruhig, wie sie war, ging sie noch einmal ins Besucherzimmer, das demnächst als Babyzimmer genutzt werden würde, und sah zufrieden auf das frisch bezogene Bett, das sie ihrer Schwester vorbereitet hatte. Auch Handtücher lagen bereit.

„Vermutlich ist es das letzte Mal, dass wir dieses Zimmer als Besucherzimmer nutzen können", überlegte sie und begann, wie so oft in den letzten Tagen, sich Sorgen zu machen, wie es in der Wohnungsfrage weitergehen würde. Sie hatte einfach keine Idee, wie man das Problem lösen könnte. Stefan hatte das Thema rücksichtsvollerweise in letzter Zeit nicht angesprochen. Offensichtlich hatte er den Rat erhalten, sie nicht aufzuregen.

Heimlich hatte sie in einem Internetportal eine Anzeige für eine Vier- oder Fünfzimmerwohnung in Schwabing aufgegeben, aber die Angebote, die ihr sowohl zum Kauf wie auch zur Miete zugingen, waren indiskutabel teuer. Helen war klar, dass sie in nächster Zeit auch weniger verdienen würde als früher, und ihre Ersparnisse waren in den letzten Monaten bereits geschrumpft. Auch mit Erziehungsgeld und Kindergeld würde sich keine der angebotenen Wohnungen finanzieren lassen.

Gerade als sie an dem Punkt angelangt war, an dem sie sich etwas hoffnungslos fühlte, klingelte es. Nachdem sie den Türöffner betätigt hatte, hörte sie bereits Robins laute Stimmchen. „Elen geben!", erklärte er bestimmt.

„Dann musst du die Blumen aber auch gerade halten, sonst haben sie keine Blüten mehr, bis du oben angekommen bist", hörte sie Anna sagen.

„Gud", vernahm sie Robins Stimmchen wieder, und anschließend sein regelmäßiges Stapfen nach oben.

Helen beugte sich über das Geländer und winkte den Dreien zu, sobald sie im Stockwerk unter ihr angekommen waren.

„Elen!", rief Robin begeistert, als er sie wahrnahm, und ließ prompt die Blumen fallen. „Guchen?", fragte er.

„Klar habe ich Kuchen für dich, mein Schatz!", freute sich Helen, und Robin grinste.

„Na super", sagte Anna und hob ein paar heruntergefallene Blüten des wunderschönen Straußes mit Iris und Tulpen vom Boden auf.

„Das war wohl nichts", erklärte sie vorwurfsvoll an Robin gewandt.

„Doch", behauptete das Kind und stiefelte so schnell es konnte zu seiner Tante. Helen konnte nicht widerstehen, ihn hochzuheben. In diesem Moment bog Anna um die Ecke und sagte zu ihr: „Muss das sein? Ich denke, du solltest ein wenig aufpassen."

„Die Zeiten sind vorbei, nur noch gute drei Wochen bis zur Geburt. Außerdem: Wie machen das schwangere Frauen, wenn sie schon ein Kind haben?"

„Mach, was du willst", gab ihre Schwester nach, „du warst schon immer stur. Und schön, dich zu sehen!", Schon schloss sie ihre Schwester zusammen mit Robin in die Arme. Dann sagte sie: „Robin, komm lieber zu mir und gib Helen die Blumen. Dich sehe ich sowieso viel zu selten."

Inzwischen war auch Sarah bei Helen angekommen, stellte den Koffer, den sie für ihre Mutter getragen hatte, ab und umarmte ihre Tante.

„Ich glaub es ist erst zehn Tage her, dass wir auf Brautkleidsuche waren, aber das Bäuchlein hat sich schon wieder vergrößert."
„So soll es doch sein", freute Helen sich. „Kommt rein, legt ab, und dann kann es mit dem Kuchen losgehen!"
„Wir waschen uns erst alle die Hände", erklärte Sarah, und sah insbesondere ihren Sohn dabei fest an.
„Okay", erklärte er.
Helen musste lachen. „Das hat er wohl von den Zwillingen gelernt."
„Er hat leider in der Kita noch ganz andere Sachen gelernt."
„Seisse", äußerte Robin prompt und strahlte Helen an. Sie musste wieder lachen.
„Das sind echte Fortschritte im Wortschatz", sagte sie, und zu Robin gewandt: „Sag mal lieber ‚Streuselkuchen'."
„Guchen", kam es von Robin zurück.
„Der wird dir schmecken!", behauptete Helen.
Robin nickte voller Vertrauen. Seiner Erinnerung nach hatte er von Tante Helen noch nie etwas Schlechtes zum Essen bekommen. Hier gab es immer besondere Dinge.
Helen ging voraus zum Balkon und nahm bereits etwas Wind wahr.
„Sollen wir nicht lieber alles hereinräumen? Von Westen ziehen rasch Wolken heran", fragte sie Anna.
„Ich denke, das wäre besser. Lange können wir hier nicht bleiben."
In diesem Moment kam ein Windstoß und fegte eine der Servietten, die locker auf dem Teller gelegen hatte, fort.

„Vermutlich hat es keinen Sinn. Wir räumen um auf den Esstisch und lassen die Balkontür auf. Dann habt ihr auch frische Luft."

„Schade", erklärte Anna, „nach stundenlanger Bahnfahrt wäre ein bisschen Sonne schön gewesen. Und schade ist, dass in zwei Tagen Hochzeit ist und es da auch sehr wechselhaft und gewittrig aussieht."

„Ach! In zwei Tagen kann das Wetter schon wieder ganz anders sein", behauptete Helen, die sich nicht vorstellen konnte, mit ihren High Heels durch Regenpfützen zu staken.

Eine weitere Böe folgte, sodass die drei Frauen schnell alles nach drinnen brachten.

„Jetzt versorge ich noch deinen wunderschönen Blumenstrauß. Ihr könnt schon Kaffee einschenken. Und für Robin mache ich eine Apfelschorle?"

„Ja!", sagte Robin schnell, bevor seine Mutter wie üblich sagen konnte: „Wasser reicht auch."

„Goss", erklärte Robin Helen, während er ihr in die Küche folgte und sich daran erinnert hatte, dass es zwischen den Frauen eine Diskussion gegeben hatte, welches Glas er am besten halten konnte.

„Vielleicht gebe ich dir diese Plastiktasse", erklärte Helen Robin verschwörerisch, „die ist groß."

Robin nickte und sah begeistert zu, wie seine Tante erst Apfelsaft und dann Wasser in die Tasse goss. Er streckte die Arme aus, um sie in die Hände zu nehmen.

„Ich glaube, die trage ich lieber zum Tisch, denn wenn du etwas verschüttest, dann klebt das."

„Gleb", sprach Robin begeistert nach. Für alles, was klebte, konnte er sich begeistern.

Als endlich die Blumen versorgt waren und alle um den Tisch saßen, fielen prompt die ersten Regentropfen auf den Balkon.

„Heute zur Abwechslung mal kein Gewitter. Dafür Platzregen", bemerkte Sarah.
„War es bei euch in Hannover auch so heiß?"
„Sehr", antwortete Anna, „und abends gab es bei uns meist keinen Regen, sodass es nur heiß und schwül war. So ein Regenschauer reinigt die Luft und kühlt alles ein wenig herunter."
„Dann wollen wir uns zumindest über diese Vorteile freuen", sagte Helen.
„Wer möchte Sahne?", fragte sie, und Robin hob als Erster beide Hände hoch.

40. Kapitel

Kerstin war mit ihrer Familie seit eineinhalb Stunden unterwegs. Vom Parkplatz an der Sprungschanze hatten sie den Weg über Bayerns am höchsten gelegene Gemeinde Wamberg genommen, um auf den Gipfel des Eckbauer zu gelangen. Gerade gingen sie an der Bergstation der Seilbahn vorbei und Kerstin war sicher, dass eines der Kinder gleich eine Bemerkung dazu fallen lassen würde. Prompt meldete sich Julian. „Wir hätten doch mit einer Gondel fahren können!", beschwerte er sich. „Immer wollt ihr Geld sparen und jetzt schwitze ich so."
„Ganz genau", erklärte sein Vater, „aber dafür können wir uns leckeres Essen da drüben im Berggasthof leisten."
„Krieg ich einen Spezi?", fragte Julian.
Sein Vater nickte.
„Ich durfte erst Spezi trinken, als ich zwölf war", beschwerte sich Lisa und erklärte: „Im Spezi ist Koffein, das ist wie kalter Kaffee."
„Na und", gab Julian zurück, „dafür hast du schon ein Handy und schreibst und redest den ganzen Tag mit deinen Freunden."
Kerstin fiel plötzlich auf, dass Lisa heute noch gar nicht telefoniert hatte. In den ersten Tagen hatte sie sich bei den Ausflügen und insbesondere am Abend in ein ruhiges Eck zurückgezogen und sich unablässig mit Spencer oder ihren Freundinnen ausgetauscht, aber das war wohl typisch für dieses Alter. Kerstin fand, dass die gemeinsame Garmisch-Woche bisher gut verlaufen war. Schwimmen und Rudern am Eibsee, Ausflüge zum Moor am Geroldsee und eine größere Wanderung

zum Königsschloss auf dem Schachen hatten die Kinder begeistert. Höhepunkt war der Tag im Hochseilgarten gewesen. Kerstin fand sich selbst weder sportlich noch mutig genug und hatte Mark die Kinder überlassen. Sie war zusammen mit ihren Eltern an den Riessersee gefahren und hatte sie dort zum Mittagessen und nach einem kleinen Spaziergang zum Kaffeetrinken eingeladen und sich bei ihnen dafür bedankt, dass sie bei ihren Eltern gemeinsam Ferien machen durften.

Gerade waren Mark und sie am Berggasthof angelangt und sahen sich um, wo die vorausgeeilten Kinder einen Platz besetzt hatten, als ihr Handy klingelte. Kerstin hatte Meggy und Frau Vogt gebeten, eventuelle Anfragen auf nächste Woche zu verschieben und sich bei ihr entweder mittags oder kurz vor Feierabend zu melden, wenn etwas unaufschiebbar erschien. Sie ging etwas abseits und nahm das Gespräch entgegen.

„Es tut mir leid, dass ich Sie störe", erklärte Frau Vogt ohne weitere Einleitung, „aber unser Mandant Rainer Bosch hat sich bei uns gemeldet. Er wollte wissen, ob sich der Anwalt seiner Ex-Frau noch einmal wegen der ungeklärten Samstagsbetreuung für die Zwillinge gemeldet hätte. Seine Frau hätte ihm gestern gesagt, als er die Kinder wieder nach Hause gebracht hatte, er solle sich endlich zu ihrem Vorschlag äußern."

„Soweit ich mich erinnere, habe ich Herrn Bosch vor zwei oder drei Wochen diesbezüglich eine E-Mail geschrieben. Ich denke, dass ich sie für die Akte ausgedruckt habe. Können Sie kurz nachsehen?"

„Natürlich. Ich lege den Hörer zur Seite."

Kerstin wartete.

In der Zwischenzeit bewunderte sie die Aussicht auf die ferner gelegenen Gipfel. „Wie schön es hier oben ist", dachte sie gerade, als sich Frau Vogt zurückmeldete.

„Ich habe die E-Mail gefunden, sie ist tatsächlich schon vor drei Wochen geschrieben worden."

„Soweit ich mich erinnere, hat Herr Bosch sich darauf nicht gemeldet. Vermutlich hat er sie übersehen. Ich schlage vor, dass Sie ihm die Nachricht noch einmal weiterleiten. Und schreiben Sie dazu, dass er bitte bis Montag Bescheid geben soll."

„Ich wünsche Ihnen noch einen schönen Urlaub."

„Vielen Dank, Frau Vogt. Wir haben es gerade richtig gut", schwärmte Kerstin, beendete das Telefonat und ging zu ihrer Familie.

„Wo warst du denn so lange?", stichelte Lisa. „Schon wieder telefoniert?"

„Ja, leider", musste Kerstin zugeben, „aber nur zum Geldverdienen."

„Du hast heute noch gar nicht mit deinem Freund telefoniert", bemerkte Julian.

Lisa senkte den Kopf und sah nachdenklich aus.

„Lass deine Schwester in Ruhe", bat Kerstin ihren Sohn und legte ihm den Arm um die Schultern. „Jetzt wollen wir mal sehen, was es hier Leckeres gibt."

„Ich nehme Kaspressknödel", erklärte Julian, „man soll doch nicht so viel Fleisch essen."

„Das nehme ich auch", erklärte Lisa.

„Vielleicht noch einen kleinen Salat dazu?", schlug Kerstin vor.

„Brauche ich nicht", erklärte Julian schnell.

„Ich überlege gerade, ob wir uns den Kaiserschmarrn teilen sollten", schlug Mark vor.

„Eigentlich eine gute Idee", erklärte Kerstin, „aber wir wollen doch nachher noch zum Hannesla-Bauer gehen. Ich habe da an Kaffee und eventuell Kuchen gedacht."

„Dann nehme ich doch den Schweinebraten mit Knödel und Krautsalat", erklärte Mark, „da kann ich nicht widerstehen."
„Und ich die Salatplatte mit Ei", war sich Kerstin sicher. Sie hatte sich vorgenommen, ihr Gewicht zumindest ein wenig zu reduzieren, um besser in ihren Badeanzug zu passen.
Gerade kam die Bedienung mit den Getränken an den Tisch. Weißbier für Mark, Spezi für die Kinder. „Für dich habe ich ein alkoholfreies Weißbier bestellt", erklärte er, „ich hoffe, es war recht."
„Auf jeden Fall", lobte Kerstin und sah ihn liebevoll an, „sonst hätte ich mich zu einem Mineralwasser entschließen müssen."
Alle vier stießen miteinander an und nahmen jeweils einen kräftigen Schluck. „Von mir aus könnte der Urlaub noch viel länger sein. Ich fange gerade erst an, mich zu entspannen. Sobald Helen wieder gut einsatzfähig ist, werde ich die Urlaubswochen ausdehnen", nahm Kerstin sich vor und lehnte sich genüsslich zurück, schloss die Augen und genoss den Sonnenschein.

41. Kapitel

Seit Ankunft ihrer Schwester Anna hatte es durchgehend geregnet, sodass Helen sich überlegt hatte, bis zum Standesamt Gummistiefel zu tragen und erst dort ihre High Heels anzuziehen. Dafür hatten Anna und sie bereits eine größere Tasche im Gang bereitgestellt. Aber kurz bevor Sarah gegen vierzehn Uhr kam, um die beiden Frauen abzuholen, hatte es plötzlich aufgehört zu regnen, die Sonne kam hervor und strahlte so intensiv, dass man sich kaum mehr vorstellen konnte, dass es nicht den ganzen Tag so gewesen war. Innerhalb einer halben Stunde trockneten Gehwege und Straßen und nur noch an einigen heruntergefallenen Blättern und vereinzelten Pfützen war erkennbar, dass es vor Kurzem anders gewesen war.
Sarah klingelte. Helen hatte mit ihr vereinbart, dass sie gleich nach unten kommen würden.
„Sind wir nicht ein wenig spät dran?", fragte Anna, die plötzlich von Nervosität erfasst wurde.
„Keinesfalls. Zur Mandlstraße sind es nur ein paar hundert Meter. Ich finde es nur vornehmer, hingefahren zu werden und nicht zu Fuß und nass oder verschwitzt dort anzukommen."
„Das ist dem Anlass auch angemessen und du bist so eine schöne Braut!", lobte Anna und sah ihre Schwester liebevoll an.
„Das hat mich auch einiges gekostet!", erklärte Helen grinsend. „Gestern die exorbitant hohe Rechnung beim Frisör. Dann das Nagelstudio."
„Das dir auf jeden Fingernagel ein anderes Hochzeitssymbol gepinselt hat."

Helen betrachtete ihre Finger. „Ein wenig kitschig sieht das schon aus", sagte sie.
„Hochzeiten können gar nicht kitschig genug sein", behauptete Anna, und Helen wunderte sich über ihre ansonsten so solide Schwester.
„Und dann noch das Kleid im hellsten Grün!"
„Ich finde, insbesondere der Hut in gleicher Farbe reißt es raus!"
Inzwischen waren die beiden Frauen unten im Treppenhaus angekommen und traten vor die Tür. Dort standen bereits Sarah und Robin, Sarah im hellblauen Kostüm mit weißer Spitzenbluse, Robin mit weißem Hemd und gleichfarbiger hellblauer Weste.
„Ach, wie siehst du fein aus!", rief Helen und betrachtete strahlend ihren Neffen.
Robin grinste. „Du aber auch!", sagte Sarah und umarmte ihre Tante.
„Ein hellgrüner Koloss", scherzte Helen.
„Aber ein sehr feiner. Steigt ein!"
Helen nahm ihren Hut ab, nachdem sie festgestellt hatte, dass sie mit dem großen Teil auf dem Kopf nicht in das Auto kam, während Anna sich hinten im Wagen neben den Kindersitz von Robin quetschte.
„Es sind ja nur ein paar Meter", erklärte Sarah. „Ich fahre euch direkt vor das Standesamt, lasse Robin bei dir, Anna, und dann mache ich mich auf die Suche nach einem Parkplatz."
Vor dem Standesamt stand eine größere Gruppe, eine große hochgewachsene blonde Frau im weißen Brautkleid.
„Das dürfte die Hochzeit vor uns sein", erklärte Helen. „Um diese Jahreszeit geht es im Standesamt zu wie in einem Taubenschlag. Schon toll, so eine junge schlanke Braut."

„Zu spät", erklärte Anna, „da hättest du dich eher auf den Weg machen müssen. Sei doch froh, dass es jetzt klappt", erklärte sie ihrer Schwester pragmatisch. „Und guck mal! Da drüben steht Stefan mit seiner Familie. Er sieht sehr gut aus! Sogar mit Weste. Und seine Schwester hat wohl deinen Brautstrauß in der Hand."
„Ja, sie war so nett, ihn zu besorgen."
„Oh je. Daran haben wir gar nicht gedacht", sagte Sarah zu ihrer Mutter.
„Keine Aufregung. Es ist doch einer da. Und schau mal, wie schön er ist, passend sind rosa und hellblaue Blüten darin. Und Stefan hat ein entsprechendes kleines Sträußchen am Revers."
Helen öffnete die Autotür und setzte ihre High Heels auf das Kopfsteinpflaster.
„Ganz vorsichtig", ermahnte sie sich in Gedanken, schob sich aus dem Auto, setzte ihren Hut auf und wartete, bis Anna den kleinen Robin an der Hand hatte. Dann stakste sie vorsichtig auf ihren Bräutigam zu.
„Hallo, mein Schatz", begrüßte Stefan sie. „Schön, dass du dich traust!"
„Finde ich auch!", entgegnete Helen.
„Du bist wunderschön. Du bist die schönste Braut weit und breit."
„Na ja", gab Helen zu, „gerade war ich ein wenig neidisch auf die schlanke junge Braut."
„Dazu hast du gar keinen Grund", erklärte Stefan und sah sie liebevoll an.
Dann begrüßte Helen die gesamte Familie von Stefan und bedankte sich herzlich bei seiner Schwester für den Brautstrauß.
„Vor lauter Fingernägeln", erklärte sie, „hätten wir so etwas Wichtiges beinahe vergessen", und hielt den

Nichten von Stefan ihre Hände hin, die die vielen kleinen Symbole aufrichtig bewunderten.

Dann erschien auch schon ein Mitarbeiter des Standesamtes und bat das Brautpaar sowie die Gäste in den Trausaal. Dort hatten sich bereits Frau Vogt und ihr Ehemann, Kerstin und Mark eingefunden.

Frau Vogt hatte eben noch Zeit, Helen ein Kompliment wegen des interessanten Hutes zu machen, als die Standesbeamtin das Paar bereits nach vorne bat.

Die Tür wurde geschlossen und die Standesbeamtin begann: „Liebes Brautpaar, liebe Hochzeitsgäste, wir sind heute hier zusammengekommen …" Da flog die Tür auf und Meggy schoss herein. Sie hatte zur Feier des Tages einen etwas längeren schwarzen Rock an und ein kesses rotes Hütchen, wie man es einst in den 1920er-Jahren getragen hatte, auf dem Kopf.

„Entschuldigung", sagte sie laut.

Die Standesbeamtin wartete, bis sie sich gesetzt hatte, und begann erneut.

„Wir sind heute hier zusammengekommen, um …"

Rainer war auf Grund schwieriger Parkplatzverhältnisse leider zu spät gekommen, um das Jawort und den Tausch der Ringe mitzubekommen, aber er wartete vor der Tür des Saals und schoss die ersten Fotos, als Helen und Stefan glückstrahlend aus der Tür traten. Vor ihnen lag ein Blütenteppich, den Sarah und der kleine Robin eifrig gestreut hatten.

Anna ging mit Kehrbesen und Schaufel hinterher, weil sie wusste, dass solche Aktionen im Haus eigentlich verboten waren.

Als die Hochzeitsgäste nach und nach durch die Tür getreten waren, forderte er jedes Paar und jede Familie einzeln auf, sich noch einmal in Positur zu stellen, dann erst begrüßte er Helen mit Küsschen auf beide Wangen und gratulierte den beiden Frischvermählten.

Ihm fiel auf, dass Helen ein Taschentuch in der Hand hielt und leicht gerötete Augen hatte.

„Was haltet ihr davon, wenn sich die gesamte Hochzeitsgesellschaft auf den Stufen vor dem Standesamt einfindet und wir noch ein Gesamtbild machen?"

„Schöne Idee", sagte Stefan, „aber du musst auch mit auf das Foto."

„Unbedingt", beharrte Helen, „das ist mir wichtig!"

„Na dann", sagte Rainer etwas verlegen und sah sich vor dem Haus auf der Straße um, ob ihm jemand die Arbeit abnehmen könnte. Er ging auf einen elegant gekleideten und offensichtlich auf das nächste Hochzeitspaar Wartenden zu und gab ihm seinen Fotoapparat. Der junge Mann stimmte zu und nahm die Aufgabe ernst, arrangierte das Hochzeitspaar in die Mitte, den kleinen Robin mit seinem Körbchen und den wieder eingesammelten Rosenblättern zu Füßen der Braut, neben Helen ihre Schwester Anna, daneben Sarah und Rainer und auf der Seite von Stefan seine Schwester mit Familie. Zwei Treppenstufen waren notwendig, um insbesondere Frau Vogt mit ihrem Mann Herbert sowie Kerstin zusammen mit Mark sichtbar zu machen. Links neben Mark stand Meggy, obwohl sie eigentlich besser zwischen Frau Vogt und Kerstin gepasst hätte. Der Fotograf nahm offensichtlich an, dass es sich dabei um die Tochter von Mark und Kerstin handeln würde.

Meggy, noch immer ein wenig bewegt von der kurzen, aber schönen Trauungszeremonie, wagte es, um einen anderen Platz zu bitten, und alle warteten. „Jetzt kannst du nochmal Blütenblätter in die Luft werfen", forderte der Mann den kleinen Robin auf. Der ließ sich das nicht zweimal sagen: Er warf und warf. Zum Schluss warf er auch das Körbchen in die Luft.

In der Zwischenzeit hatten sich die Fotos von Personen mit etwas starrem Lächeln zu Bildern einer lustigen Truppe entwickelt.

Erst als Robin den Korb umgekehrt auf seinen Kopf setzte und damit gar nicht mehr zu erkennen war, hörte der Fotograf auf.

„Was bezahlen wir für diese perfekte Performance?", fragte Stefan.

„Natürlich nichts! Sie sind einfach eine tolle Truppe. Ich bin mir nicht sicher, ob die Hochzeit, auf die ich warte, auch so wird. Mein Vater heiratet zum zweiten Mal."

„Nun denn", sagte Stefan und klopfte dem hilfsbereiten Hobbyfotografen aufmunternd auf die Schultern. „Wird schon werden. Herzlichen Dank. Wir werden uns lange an Sie erinnern!"

„Herzlichen Glückwunsch. Und alles Gute für Sie!"

„Jetzt geht es weiter zum Seehaus im Englischen Garten", erklärte Stefan. „Ihr wisst ja, ihr seid alle herzlich eingeladen. Und wenn es auf Ihrer Hochzeit zu langweilig zugeht, dann kommen Sie bitte nach", bot Stefan dem jungen Mann an. Der bedankte sich grinsend.

42. Kapitel

Meggy stand an der Kaffeemaschine, füllte drei Espressotassen und trug sie in Kerstins Arbeitszimmer. Dort befand sich ein Kuchenberg, mit drei großen Stücken Sahnetorte, die Helen ihnen von der übrig gebliebenen Hochzeitstorte mitgegeben hatte, und drei Stück Streuselkuchen, die eine Mandantin am Morgen freundlicherweise mit in die Kanzlei gebracht hatte, um sich für den Ausgang ihres Scheidungsverfahrens zu bedanken.
„Ausgerechnet heute bringt jemand Kuchen", hatte Frau Vogt sich beschwert, „und wir sitzen hier mit diesen riesigen Tortenstücken." Sie war von dem gestrigen Festessen immer noch satt.
„Das werden wir schon schaffen", erklärte Meggy optimistisch, als sie die Espressotassen vor Kerstin und Frau Vogt abstellte.
„Die Sahnetorte muss heute weg", entschied Kerstin, „sonst verdirbt sie." Sie fand, dass das ein ausreichender Grund war, ihre Diätpläne heute erneut beiseitezuschieben. Den Streuselkuchen können Sie beide mit nach Hause nehmen."
„Danke, das mache ich gerne", erklärte Meggy, „meine Freundin Paula ist ein großer Kuchenfan!"
Während die drei Frauen sich die ersten Bissen schmecken ließen, fragte Meggy: „Was hat Ihnen an der Hochzeit am besten gefallen?"
Kerstin und Frau Vogt überlegten.
„Das glückliche Paar", begann Frau Vogt. „Ich habe Frau Binz selten so strahlend gesehen. Und es hat mich gefreut, dass mein Mann sich amüsiert hat. Ich kann mich gar nicht mehr erinnern, wann wir zusammen das

letzte Mal getanzt haben. Es war eine tolle Überraschung, dass das Brautpaar eine kleine Band bestellt hat, die so munter mit Akkordeon, Klarinette und Gitarre aufgespielt hat."
„Und die Frau konnte richtig gut singen!", lobte Meggy.
„Mit hat am besten gefallen, dass wir alle ‚Volare!' gesungen haben. Da habe ich mich wie in Italien gefühlt. Und der kleine Robin hat bis kurz vor Mitternacht durchgehalten, bevor er in seinem Buggy eingeschlafen ist."
„Zur Freude seiner Mutter, die dann auch endlich einmal richtig tanzen konnte."
„Mir hat auch die Rede von Stefan sehr gut gefallen", ergänzte Kerstin. Und natürlich der Knaller mit der Wohnung! Mir ist aufgefallen, dass Helen ganz blass geworden ist, als er gesagt hat, dass er jetzt eine geeignete Wohnung gefunden hat."
In diesem Moment hörten die Frauen, dass sich die Bürotür öffnete. Frau Vogt ging auf den Flur, um zu sehen, wer angekommen war.
„Grüß Gott, Frau Binz."
„Das ist aber eine Überraschung", sagte sie, „gerade sprechen wir von Ihrer Hochzeit."
„Das hoffe ich! Das war das Schwabinger Event des Jahres!", behauptete sie lachend.
„Ich hole Ihnen schnell einen Stuhl aus der Küche", erklärte Frau Vogt. Helen begrüßte mittlerweile die beiden anderen.
„Möchten Sie auch einen Espresso, Frau Binz?", fragte Frau Vogt, als sie den Stuhl ins Zimmer brachte.
„Nein, danke. Aber ein großes Glas Wasser wäre schön."
Frau Vogt eilte erneut hinaus.

„Wir machen uns gerade über deine Hochzeitstorte her. Vielleicht kannst du uns ein wenig helfen."
„Bloß nicht", erklärte Helen, „ich habe heute Mittag schon den Rest von dem Lachscarpaccio gegessen, den uns das Restaurant mitgegeben hat. Hier passt nichts mehr rein." Demonstrativ wölbte sie ihren Bauch nach vorn.
„Wir haben gerade darüber gesprochen, was uns am besten gefallen hat, und waren an dem Punkt angekommen, als Stefan seine Rede gehalten und angekündigt hat, dass er die Lösung für euer Wohnungsproblem hat. Du bist ganz blass geworden", sagte Kerstin.
„Mir ist das Herz in die Hose gerutscht. Ich dachte, vermutlich hat er jetzt doch in der Nähe seiner Schwester irgendwo zwischen zwei Kuhställen eine Wohnung hergerichtet. Und als frischgebackene Ehefrau hätte ich wohl kaum laut sagen können, dass ich das vollkommen daneben finde."
„Aber dann sind Ihnen die Tränen gekommen", erklärte Meggy, „als Sie gehört haben, was er sich ausgedacht hat."
„Vor lauter Glück", erklärte sie. „Ich fand es toll zu heiraten, und dass sich gleichzeitig dieses Problem, das mich die letzten Monate umgetrieben hat, in Luft aufgelöst hat, ist wunderbar. Mir ist eine Last von den Schultern gefallen."
„Und haben Sie sich am Abend die Wohnung noch angesehen?"
„Natürlich! Stefan hat sogar angeboten, mich über die Schwelle zu tragen, aber das habe ich abgelehnt. Was hätte ich von einem Ehemann, der in der Hochzeitsnacht einen Bandscheibenvorfall hat?", erzählte sie grinsend.

„Nichts", erwiderte Meggy und sah sich vorsichtig um, ob ihre etwas vorlaute Bemerkung vielleicht nicht gut aufgenommen würde, aber die Frauen lachten.
„Und? Schildere doch mal, wie die Wohnung aussieht."
„Nun ja. Im Moment ist sie noch nicht zum Verlieben. Eine alte Einbauküche steht drin und eine Glühbirne hängt von der Decke. Aber der Schnitt ist sehr schön. Es gibt ein kleineres Bad und zwei helle große Zimmer, wovon eines auf die Straße und das andere mit einem Balkon auf die ruhige Seite hinausgeht."
„Wie ist es denn gekommen, dass Sie jetzt diese Wohnung ein Stockwerk tiefer mieten können?"
„Eines Tages ist Stefan zu mir die Treppe hochgekommen und hat eine Frau etwa in meinem Alter gesehen, die in der Wohnungseingangstür verzweifelt versucht hat, das Schloss aufzubekommen. Stefan hat gefragt, ob er ihr helfen kann, und sie hat ihm erklärt, dass sie die Tür nicht aufbekommt und sich gar nicht sicher ist, ob an ihrem Schlüsselbund der richtige Schlüssel hängt. Stefan hat das Problem gelöst, weil er erkannt hat, dass weiter oben noch ein Schloss ist, das ebenfalls aufgesperrt werden muss. Die Dame hat ihm erklärt, dass sie etwas nervös ist, weil sie ihre Mutter ins Seniorenheim an ihrem Wohnort bringen musste und sich jetzt darum kümmern muss, die Wohnung auszuräumen. So kamen die beiden ins Gespräch und Stefan hatte plötzlich die Idee, dass diese Wohnung unser Wohnungsproblem lösen könnte. Er will dort einen Raum für seine privaten Sachen einrichten und sein Büro mit einer kleinen Kaffeeküche, da kann er dann auch einmal eine Besprechung abhalten. Er hat der Dame dann angeboten, mit seinem Transporter Dinge, die sie zu ihrer Mutter ins Seniorenheim bringen wollte, zu

befördern, und vorgeschlagen, dass sie den Rest der Wohnung einfach räumen lässt. Dieser Vorschlag wurde gerne angenommen und sie hat Stefan dann als Nachmieter vorgeschlagen. Natürlich hat der Vermieter die Miete um 200 Euro erhöht, aber das ist es meinem Mann wert. Er wollte mich überraschen und hat deshalb mit der Renovierung der Wohnung auch noch nicht begonnen, aber gesagt, dass das keine große Sache wird und innerhalb von zwei, drei Wochen abgeschlossen sein dürfte, wenn er seine Freunde und seinen Schwager bittet, ihm zu helfen, sodass wir das noch vor der Geburt des Kindes hinbekommen dürften."

„Da kann ich euch nur gratulieren", sagte Kerstin, „ich glaube, das ist ein Modell, das prima zu euch passt."

„Und ich bin Stefan wirklich dankbar. Denn er ist mir an diesem Punkt entgegengekommen. Ich weiß, dass er auch gerne bei seiner Schwester auf dem Land gelebt hätte. Aber er hat auch eingesehen, dass das weite Fahren für mich und das Baby sehr ungünstig wäre, wenn ich wieder in der Kanzlei arbeite."

„Jetzt ist doch glatt der Espresso kalt geworden", bemerkte Meggy, „aber kein Problem. Ich mache uns einen neuen. Allerdings: In Italien trinkt man auch einen sogenannten Affogato, das heißt, der Espresso kann ruhig kalt sein und es kommt eine Kugel Vanilleeis hinein."

„Nein", erklärte Frau Vogt, „bitte nicht auch noch Vanilleeis. Diese Sahnetorte ist mächtig genug."

„Gut. Dann mache ich lieber einen neuen", erklärte Meggy, stand auf und machte sich ans Werk.

Eine Viertelstunde später war von der Hochzeitstorte nichts mehr übrig.

43. Kapitel

Als Frau Vogt am Freitagnachmittag gegen sechzehn Uhr nach Hause kam, hatte sie sich bereits seit dem frühen Nachmittag darauf gefreut, ihrem Mann eine Überraschung mitzuteilen.
„Warum sollen nur junge Ehepaare sich gegenseitig überraschen?", hatte sie noch unter dem Eindruck von Helens Hochzeit überlegt. „Herbert und ich sind schon lange zusammen, aber hie und da sollte eine Überraschung drin sein."
Zunächst hatte sie überlegt, eine Flasche Sekt zu kaufen, aber dann fiel ihr ein, dass sie noch viele Flaschen zu Hause hatten, die eigentlich für Corinna gedacht waren. Freudig eilte sie die Treppe hinauf, sperrte die Wohnungstür auf und nachdem sie sich im Bad kurz frisch gemacht hatte, traf sie in der Küche auf ihren Mann, der vor einen Picknickkorb stand. Sie begrüßte ihn mit einem Kuss und sagte: „Herbert. Heute habe ich eine Überraschung für dich."
„Ich habe auch eine für dich."
„Du meinst, wir gehen in den Biergarten?"
„Wonach sieht es denn aus?"
„Das ist aber eine schöne Überraschung! Meine erzähle ich dir dann im Biergarten."
„Noch eine Überraschung …"
„Aber sicher. In den Biergarten zu gehen bei diesem Wetter ist jetzt nicht so eine große Überraschung."
„Eigentlich doch. Das haben wir schon länger nicht mehr gemacht."
„Ja. Aber vielleicht haben wir was zu feiern."

Frau Vogt stutzte und dachte kurz nach. „Habe ich unseren Hochzeitstag vergessen? Nein, der war doch dieses Jahr schon."
„Nun gut. Ich lasse mich überraschen", erklärte sie und entspannte sich wieder.
„Dann werde ich mich auch überraschen lassen", erklärte ihr Mann und musste lachen.
„Spricht was dagegen, wenn wir gleich fahren?"
„Keinesfalls. Am besten mit den Fahrrädern, oder?"
„Gute Idee", bestätigte seine Frau und die beiden machten sich auf den Weg.
Im Biergarten angekommen, breitete Herr Vogt auf einem Biertisch ein Tuch aus und legte zwei Teller mit Besteck darauf. Während seine Frau beim Ausschank stand, um eine Maß Bier zu holen, die sie sich teilen wollten, packte Herr Vogt fein geschnittenen gesalzenen Rettich, einen Tomatensalat, einen Emmentaler sowie ein Fleischpflanzerl aus, die von seinem Mittagessen übrig geblieben waren.
Frau Vogt kam kurz darauf nicht nur mit der Maß, sondern auch mit einer großen Brezen zurück, die sie sich ebenfalls teilen wollten.
„Butter habe ich jetzt keine mitgenommen, sie zerläuft doch nur."
„Die braucht es auch nicht. Erst essen? Oder erst die Überraschungen?", fragte sie.
„Auf alle Fälle sollten wir erst einmal einen Schluck von dem guten Bier nehmen", sagte Herr Vogt und hielt seiner Frau den Maßkrug hin. Die ließ sich das nicht ein zweites Mal sagen.
Nachdem beide einen kräftigen Schluck genommen und Frau Vogt ein Stück von der Brezel abgebrochen hatte, sagte sie: „Jetzt bin ich schon neugierig. Kannst du mir nicht sagen, was los ist?"

„Eigentlich bin ich auch sehr neugierig. Kannst du nicht erst sagen, was los ist?"

„Na gut", antwortete Frau Vogt und gab nach, in der Hoffnung, dass ihr Mann dann auch sein Geheimnis preisgeben würde.

„Also meine Überraschung ist", erklärte sie und machte kunstvoll eine längere Pause. „Meine Überraschung ist, dass ich ab Oktober Teilzeit arbeiten kann. Und zwar vermutlich sogar zweieinhalb Tage. Aber das steht noch nicht genau fest. Schlimmstenfalls werden es drei halbe und ein ganzer Tag werden. Aber einen Wochentag werde ich auf alle Fälle frei haben."

„Das ist sehr schön!", freute sich Herr Vogt. „Darauf trinke ich gleich noch einen Schluck." Dann schnitt er sich ein Stück von dem Käse ab und bestreute es mit Salz und Pfeffer. „Das gibt uns ganz andere Möglichkeiten."

„Es geht aber erst im Herbst los", gab Frau Vogt zu bedenken.

„Das macht gar nichts. Wenn wir mal in die Berge fahren oder vielleicht mal drei Tage nach Südtirol und da übernachten, müssen wir uns nicht auf das Wochenende beschränken, wenn die Straßen verstopft sind."

„Das Frühjahr kommt auch irgendwann wieder."

„Genau. Und wie ist es gekommen, dass das jetzt geht? Hat eure Meggy eine zweite Stelle gefunden?"

„Nein. Sie war so frustriert über die Stellenangebote, dass sie sich erkundigt hat, ob es Unterstützung gäbe, wenn sie sich selbstständig machen würde. Und da hat ihr sowohl das Arbeitsamt etwas zugesagt und vor allen Dingen auch Frau Bärenreuther, die ihr angeboten hat, bei ihren Kolleginnen und Kollegen für sie zu werben. Meggy kann ihr Angebot auch über die Münchner

Anwaltskammer und den Anwaltverein bekannt machen, sodass Frau Bärenreuther davon ausgeht, dass sie kein Problem haben wird, Aufträge zu bekommen. Sie wird sich dann stundenweise bezahlen lassen. Mit der neuen digitalen Technik können ihr die Anwälte und Anwältinnen ihre Diktate zusenden oder sie kann auch einmal in eine Kanzlei gehen und dort aushelfen. Da sich das alles noch nicht so eingespielt hat, ist es natürlich offen, wie wir die Tage verteilen werden. Anfangs will Meggy von zu Hause aus arbeiten. Das Weitere wird sich finden."

„Das ist doch eine gute Idee!", fand Herr Vogt. „Sie hat eine finanzielle Absicherung durch die halbe Stelle in eurer Kanzlei. Das Weitere wird sich nach und nach ergeben."

„Und ich bin auch froh, wenn sie noch da ist. Die neuen technischen Möglichkeiten, die in der Kanzlei geschaffen wurden, sind hilfreich. Aber manchmal stehe ich da wie ein Ochs vor dem Berg und komme nicht weiter. Mal muss man links einen Button drücken, mal rechts, mal muss man alles ausschalten, wenn gar nichts geht, und wieder neu anfangen. Da gibt es immer wieder neue Tricks. Für mich war es viel, das alles zu lernen."

„Umso stolzer bin ich auf dich, dass du es geschafft hast", sagte ihr Mann und prostete ihr mit der Maß in der Hand zu.

Frau Vogt errötete leicht. So viel Lob war sie gar nicht gewöhnt. „Umso schöner, dass Herbert das heute gesagt hat", dachte sie und nahm den Maßkrug, sobald ihr Mann ihn abgestellt hatte. Sie fühlte sich bereits ein wenig beschwingt vom Alkohol und nahm ein Stück Breze und ein Stück Schweizer Käse, um die Wirkung

ein wenig zu bremsen. Sie fühlte sich so leicht, dass sie beinahe vergessen hätte zu fragen.
„Was ist deine Überraschung?"
„Nun ja", erklärte Herr Vogt etwas verlegen, „das ist eigentlich nicht meine Überraschung. Aber es ist doch eine Neuigkeit, bei der ich weiß, dass sie dich freuen wird", sagte er und machte wieder eine Pause.
„Ja und?"
„Manuel hat angerufen. Er und Corinna haben sich getrennt."
„Holla! Das nenne ich eine Neuigkeit. Aber wie geht's ihm denn damit?", fragte Frau Vogt besorgt.
„Ich glaube, ganz gut. Eigentlich hat er gar nicht wegen Corinna angerufen, sondern weil er in eine neue Abteilung gewechselt hat und ab jetzt beruflich öfter nach München kommen wird. Er schätzt, circa einmal im Monat für zwei bis drei Tage. Er hat angefragt, ob er dann bei uns im Gästezimmer wohnen könne. Ich habe ihm gesagt, dass das aus meiner Sicht kein Problem ist, und ich glaube, dass es auch aus deiner Sicht kein Problem ist. Dann habe ich gefragt, was seine Corinna dazu sagt, wenn er jetzt öfter in München ist. Und dann hat er ganz lässig getan und gesagt, sie hätten sich sowieso getrennt."
„Ich finde, die bessere Neuigkeit ist, dass Manuel jetzt öfter nach München kommen wird, also besuchsweise!"
„Ich hoffe, du findest das gut."
„Natürlich. Das ist doch etwas anderes als die Situation vor einem Jahr, als er mehr oder weniger fest mit einem Teil seiner Sachen zu uns gezogen wäre. Das hätte ich merkwürdig gefunden. Wenn er uns öfter besuchen kommt und an seine Münchner Arbeitstage auch das

Wochenende dranhängen kann, dann wäre das doch prima. Er hat auch noch viele Freunde in München."
„Das mit Corinna freut dich gar nicht?"
Frau Vogt überlegte. „Eigentlich weniger, als ich gedacht hätte. Ich fand einfach, dass die junge Frau nicht gut zu uns passt. Aber wenn Freundschaften enden, ist es auch immer ein wenig traurig."
„Ich glaube, Manuel hatte schon länger das Gefühl, dass da etwas im Busch ist. Das kam jetzt für ihn nicht so überraschend."
„Dann wollen wir mal sehen, wen er als Nächstes mitbringt", dachte Frau Vogt etwas skeptisch, schob aber den Gedanken schnell von sich. Heute war ein wunderbarer Abend, und den wollte sie sich mit weiteren Spekulationen nicht verderben.
Plötzlich spürte sie, wie hungrig sie war, und sagte zu ihrem Mann: „Ich glaube, jetzt legen wir richtig los."
„Gerne", sagte Herr Vogt und reichte ihr die Schüssel mit dem Tomatensalat.

44. Kapitel

Soeben hatte Kerstin in der Sache Bosch eine E-Mail an Herrn Rechtsanwalt Troll geschrieben, weil Rainer ihr bei der Hochzeit in einer stillen Minute mitgeteilt hatte, dass er sich mit Sarah besprochen habe und sie seiner Ex-Frau insoweit entgegenkommen wollten, dass sie die Zwillinge Max und Vicky an einem Samstag im Monat zusätzlich betreuen würden, wenn sie die Kinder an diesen Tagen zu ihnen bringen und auch wieder abholen würde, damit Rainer nicht wie sonst den Fahrdienst übernehmen musste.

Kerstin hoffte, dass Frau Bosch sich auf diesen Vorschlag einlassen würde. Vermutlich blieb ihr nichts anderes übrig, wenn sie diesen Samstag im Monat freihaben wollte.

„Diese Frau muss endlich einmal aus ihrer Komfortzone kommen", überlegte Kerstin. „Mein Mandant ist sowieso, auch finanziell, ihr gegenüber sehr entgegenkommend."

Anschließend bereitete sie sich auf die fünfte Mediationssitzung mit dem Ehepaar Meyerhofer vor. Sie hängte alle beschriebenen Blätter mit den Themen, Interessen und Bedürfnissen und den in der letzten Sitzung besprochenen Lösungsmöglichkeiten mit Klebestreifen an die Wand und war gespannt, was die Medianten nach dem Gespräch mit ihren Kindern berichten würden.

Nachdem das Ehepaar eingetroffen war und Kerstin sie begrüßt hatte, war ihre erste Frage: „Frau Meyerhofer, Herr Meyerhofer, mich würde interessieren, was seit der letzten Mediationssitzung passiert ist. Wer von Ihnen möchte beginnen?"

Frau Meyerhofer sah ihren Mann aufmunternd an und Kerstin dachte: „Hier hat die Mediandin schon gelernt, dass es hilfreich sein kann, erst einmal die andere Seite zu Wort kommen zu lassen, damit sie in der Mediation gut mitmacht."

Herr Meyerhofer redete nach dieser Aufforderung zügig los.

„Wir haben mit unseren Jungs gesprochen und ich glaube, es war ein Schock für die beiden, insbesondere für unseren Jüngsten, dass Vater und Mutter demnächst auch räumlich getrennt sind, das heißt in zwei verschiedenen Wohnungen leben werden."

Herr Meyerhofer sah seine Frau an. „Wie hast du das empfunden?"

„Ähnlich. Ich denke, ich hatte ein wenig unterschätzt, dass die Kinder zwar wussten, dass es um unsere Ehe nicht zum Besten steht, aber bis jetzt hatte sich für sie nicht allzu viel geändert."

„Wie ist es weitergegangen?", fragte Kerstin.

„Nun, unser Vorschlag war, dass die Kinder sich überlegen können, wo sie denn gerne wohnen würden."

„Wobei ich leider nicht einmal sagen konnte, wo ich dann wohnen werde", ergänzte Frau Meyerhofer. „Das war natürlich eine weitere Schwierigkeit."

„Beide Jungs haben uns klar gemacht, dass sie keinesfalls die Schule oder den Freundeskreis wechseln wollen, sodass ich zugesagt habe, eine Wohnung in der Nähe zu suchen, die groß genug ist, dass beide Kinder auch bei mir wohnen könnten. – Vorgestern hat dann unser Ältester mitgeteilt, dass er auf die Fachhochschule nach München geht und daher lieber nach München ziehen würde, damit er es nicht so weit hat. Das heißt, ein Wohnraum bei mir erscheint uns überflüssig, da es für ihn ausreichend Platz im bisherigen Familienheim gibt. Unser Jüngster hat mitgeteilt, dass er gern eine Wohnmöglichkeit bei uns beiden hätte. Er könne sich vorstellen, unter der Woche bei mir zu wohnen und am Wochenende zu seinem Vater zu ziehen, der unter der Woche meist unterwegs ist."

„Dann halten wir das als vorläufige Lösung fest, und Sie können auf der Themensammlung das nächste Thema wählen."

Während Kerstin die vorläufige Lösung auf das Flipchart schrieb, überlegten die Medianden und entschieden sich für das Thema „Wer hat wie viel Geld zur Verfügung".

Kerstin erläuterte, dass zunächst wieder die Interessen und Bedürfnisse zu diesem Thema gesammelt würden, und während sie eine Seite vorbereitete, kam sie sich als Mediatorin bereits routiniert vor.

45. Kapitel

Gerade als Sarah ihren kleinen Robin frisch gebadet und wohlduftend von der Wickelkommode hob, um ihn in sein Bettchen zu legen, um ein Bilderbuch vorzulesen, summte ihr Handy.
„Das kann ich jetzt nicht gebrauchen", dachte sie und wollte die Nachricht ignorieren. Aber irgendwie wurde sie unruhig und überlegte, ob Rainer sich vielleicht weiter verspäten würde, sodass sie das Handy doch zur Hand nahm. Sie warf einen Blick auf die Nachricht und konnte den Absender zunächst gar nicht zuordnen, las dann aber mit Begeisterung:
„Meine tapfere Frau hat heute nach stundenlangen Wehen unseren wunderschönen Sohn Lucas geboren. Dreitausendachthundert Gramm, vierundfünfzig Zentimeter."
Darunter ein Foto von einer noch etwas verschwitzt wirkenden Helen mit einem schlafenden Säugling mit kleiner kecker Nase und dunklen Haaren.
Darunter schrieb Stefan noch: „Wir beiden Männer werden ihr helfen, zu überwinden, dass es kein Mädchen geworden ist."
Sarah zoomte das Bild auf groß und zeigte es Robin.
„Schau mal! Tante Helen hat ein Baby bekommen!"
„Baby!", echote Robin überzeugt und nickte.
„In ein paar Jahren kannst du mit dem kleinen Lucas spielen."
Spielen war für Robin ein gutes Stichwort, sodass er gleich wieder aus dem Bett schlüpfen wollte.
„Nein. Heute nicht mehr", erklärte Sarah. „Jetzt lese ich dir noch eine Geschichte vor und dann schläfst du."
Robin war nicht überzeugt. „Baby", erklärte er.

„Das Baby ist noch im Krankenhaus. Vielleicht können wir es morgen besuchen."
„Elen", erklärte Robin schlau.
„Genau. Wir werden Helen und den kleinen Lucas besuchen."
Das schien Robin zu überzeugen und er widmete sich mit der üblichen Begeisterung seinem Bilderbuch.
Als Sarah, nachdem sie das Kinderzimmer verlassen hatte, sich in die Küche setzen wollte, kam Rainer nach Hause und Sarah teilte ihm die Neuigkeit mit.
„Da werden die Zwillinge morgen, wenn sie bei uns sind, auch mitgehen wollen", erklärte er, „die lassen sich doch ein Neugeborenes nicht entgehen."
Sarah nickte. „Dann gratuliere ich jetzt mit einer Sprachnachricht und morgen rufen wir Helen an und fragen, ob wir kommen dürfen. Aber ich muss unbedingt meiner Mutter die Mitteilung machen. Sie wird sich so bald wie möglich in den Zug setzen."
Und noch während Sarah mit ihrer Mutter telefonierte, trafen bei Helen Glückwünsche von Kerstin, Frau Vogt und Meggy ein.
„Jetzt ist der Kleine erst seit einer Stunde auf der Welt", sagte Stefan zu ihr, „und schon so bekannt. Und alle fragen, ob sie morgen vorbeikommen dürfen. Was meinst du?"
„Ich denke schon", sagte Helen, „so etwas Prächtiges muss man herzeigen."
„Auch wenn's kein Tüllröckchen anhat?"
„Auch dann", erklärte Helen bestimmt und sah ihren Mann liebevoll an.

46. Kapitel

Es war Samstagnachmittag und Meggy saß zusammen mit ihrer Mitbewohnerin Clara auf dem Balkon. Sie war gerade dabei, ihre Zehennägel in giftigem Grün zu lackieren.
„Warum nicht in Schwarz?", neckte ihre Freundin sie.
„Zu viel Schwarz ist auch nichts", erklärte Meggy bestimmt.
„Außerdem solltest du dir jetzt, wo du selbstständig bist, ein etwas seriöseres Outfit zulegen, meinst du nicht?"
„Ich finde mich seriös. Außerdem arbeite ich sehr gut."
„Aber das können die Leute nicht von vorneherein wissen. Du brauchst neue Aufträge, und da ist der erste äußere Eindruck oft entscheidend."
„Warum meinst du, dass mich Binz und Bärenreuther genommen haben?"
„Weil sie in einer Notsituation waren."
Meggy überlegte. „Meinst du, es wäre besser, wenn ich jeweils abwechselnd einen Zehennagel schwarz und einen grün lackieren würde?"
„Das sieht albern aus. Damit kommst du nicht weit."
„Na gut. dann eben alles grün."
„Hast du schon ein Geschenk für das Baby von Frau Binz?"
Meggy stöhnte auf. „Die wollten jetzt schon wieder sammeln, aber ehrlich gesagt, das ist mir zu teuer. Ich habe im Kaufhaus ein Geschenk besorgt. Sieben Lätzchen, auf denen steht jeweils ein Wochentag und lustige Tiere dazu."
„Das ist toll. Das kann man sicher gut gebrauchen."

„So", erklärte Meggy, nahm den letzten Pinselstrich an ihrem kleinen Zeh vor und schraubte den Nagellack zu. Dann wackelte sie ein wenig mit den Zehen. „Es ist lästig, dass das immer so lange dauert, bis es getrocknet ist."
„Die zwei Minuten wirst du wohl warten können."
„Gut", erklärte Meggy, „aber dann gehe ich in die Küche, hole einen Prosecco und möchte mit dir anstoßen. Es gibt nämlich etwas zu feiern."
„Und was?", fragte Clara gähnend, die lieber in ihrem Liegestuhl ein kurzes Nickerchen machen wollte.
„Ich werde im August zehn Tage verreisen!"
„Lass mich raten. Nach Italien?"
„Genau! Aber dieses Mal werde ich die Zeit nicht an Land, sondern auf dem Meer verbringen. Denn meine Oma hat sich sehr darüber gefreut, dass Mama und ich sie zu einer Kreuzfahrt eingeladen haben. Und stell dir vor, sie hat ihr Sparbuch geplündert und Mama und mich dazu eingeladen. ‚Ich geh doch nicht allein auf hohe See, ohne jemanden dabeizuhaben, der mich retten kann, wenn das Schiff untergeht', hat sie erklärt. Mama und ich finden diese Idee hervorragend."
„Super!", freute sich Clara. „Das ist mal eine Überraschung. Da stehe sogar ich auf und hole den Prosecco, damit es nicht mehr so lange dauert."
„Im Eisfach!", rief Meggy ihr hinterher. „Ich habe ihn erst vor einer halben Stunde hineingelegt. Und bring bitte die Salzstangen oder die Chips oder beides mit."
Als Clara fünf Minuten später kam, hatte sie bereits alles auf einem Tablett angerichtet, die Flasche geöffnet und goss Meggy und sich jeweils einen großen Schluck ein.
„Herzlichen Glückwunsch!", sagte sie und stieß mit Meggy an. „Deine erste Seereise. Und überhaupt haben

wir dieses Jahr ständig was zu feiern. Einzug hier in die Wohnung, deinen guten Job, und ich wünsche dir, dass sich das mit deiner Selbstständigkeit gut entwickelt."
„Das wird es!", erklärte Meggy selbstbewusst. „Wir Rechtsanwaltfachkräfte arbeiten in einem Beruf mit Fachkräftemangel. Allerdings werden die kleineren Kanzleien langsam weniger. Ich habe gelesen, die überwiegende Zahl der Juristen geht in den Staatsdienst oder in große Kanzleien, wo ihnen sämtliche Organisation abgenommen wird, sie als Angestellte bezahlt werden und kein Risiko tragen."
„Aber vielleicht ist das auch ein wenig langweilig", erklärte Clara.
„Auf alle Fälle, und man kann nicht ohne Weiteres ein Mandat ablehnen. Das macht die Kanzlei Binz & Bärenreuther schon."
„Ich denke, es wird noch genügend Kanzleien geben, die deine Unterstützung brauchen können."
„Wenn die wissen, wie gut ich zwangsvollstrecken kann, dann kriegen die sich gar nicht mehr ein. Ein Urteil allein nützt nichts, wenn der Schuldner nicht zahlt. Ich bringe ihn dazu, dass er das tut."
„Das glaube ich dir sofort. Hast du nicht auch noch von deinem Vater Unterhalt zu bekommen?", fragte Clara vorsichtig.
„Ja, aber weißt du, gegen den eigenen Vater zu vollstrecken ist eine blöde Sache. Außerdem müsste ich mich dann mit seinem Leben auseinandersetzen, und dazu habe ich keine Lust. Meine Mutter ist stolz darauf, dass sie inzwischen gut allein zurechtkommt. Ich brauche ihn auch nicht mehr. Vielleicht finden wir ja eines Tages irgendwie wieder zusammen. Keine Ahnung."

Meggy testete den Lack auf ihren Zehen und war zufrieden, dass er endlich fest geworden war. Sie nahm erneut einen Schluck Prosecco, anschließend ein paar Chips und lehnte sich in ihrem Liegestuhl zurück.
„Es geht doch nichts über einen freien Tag", murmelte sie.
„Ganz genau", erklärte Clara gähnend von der anderen Seite. Meggy schloss wie sie die Augen und war kurz darauf eingeschlafen.

Bleiben wir in Kontakt

Ich würde mich freuen, wenn wir uns vernetzen.
Folge mir auf Instagram oder Facebook @EllySellersAutorin oder erhalte meinen Newsletter. Darin erzähle ich dir mehr aus meinem Alltag als Anwältin und Autorin. Erhalte einen Blick hinter die Kulissen und was es noch Unterhaltsames über die Protagonisten meiner Bücher zu erfahren gibt.

Trage dich für meinen Newsletter ein.
https://www.ellysellers.de/newsletter

Einfach den QR-Code scannen.

Dank

Je länger ich mich als Autorin betätige, desto dankbarer bin ich für die zahlreiche Unterstützung, die ich erhalte. An erster Stelle steht, wie immer, der Dank für meine Freundin Brigitte, eine einmalige Rechtsanwaltfachkraft, die so gut und erfahren ist wie Frau Vogt und Meggy zusammen. Als „diktierende" Autorin wäre ich ohne sie aufgeschmissen und wenn sie mir hilft, auch mit dem schrecklichen beA-System fertig zu werden ...

Meine treue Lektorin Frau Dr. Mechthilde Vahsen und meine liebe Schwägerin Monika Manske haben wieder einmal fast alle Fehler gefunden (alle findet man nie) und das Beste aus dem Roman rausgeholt.

Alexa von Spiegelwelt Media und Lara von LR Online Marketing haben mir geholfen das Buch in die Welt und zu meinen Leserinnen und Lesern zu bringen. Danke, dass ihr das Buch sichtbar macht.